# EXPOSITION

# EUGÈNE CARRIÈRE

MAI-JUIN 1907

# Exposition de l'OEuvre

DE

# EUGÈNE CARRIÈRE

Les salles de l'Exposition sont ouvertes de 9 heures du matin à 6 heures du soir.

Prix d'entrée : **UN FRANC**.

Le Dimanche, entrée libre à partir de midi.

# Exposition de l'Œuvre

DE

# EUGÈNE CARRIÈRE

AU PALAIS DE

## L'ÉCOLE NATIONALE DES BEAUX-ARTS

QUAI MALAQUAIS

## MAI-JUIN 1907

## Catalogue des œuvres exposées

Prix : **UN FRANC**

PARIS

IMPRIMERIE GEORGES PETIT

12, RUE GODOT-DE-MAUROI, 12

1907

# Exposition de l'OEuvre

DE

# EUGÈNE CARRIÈRE

ORGANISÉE SOUS LE HAUT PATRONAGE DE

## M. ARISTIDE BRIAND

Ministre de l'Instruction Publique, des Cultes et des Beaux-Arts

ET DE

## M. DUJARDIN-BEAUMETZ

Sous-Secrétaire d'État des Beaux-Arts.

---

## COMITÉ D'HONNEUR

*Président d'honneur* : M. Auguste RODIN.

MM.

CLÉMENCEAU, Sénateur, Ministre de l'Intérieur, Président du Conseil.

Stéphen PICHON, Sénateur, Ministre des Affaires Étrangères.

Le Général PICQUART, Ministre de la Guerre.

Léon BOURGEOIS, Sénateur.

Le Baron D'ESTOURNELLES DE CONSTANT, Sénateur.

POINCARÉ, Sénateur.

Pierre BAUDIN, Député.

Henry COCHIN, Député.

Georges LEYGUES, Député.

MILLERAND, Député.

Alfred AGACHE.

Arsène ALEXANDRE.

BARTHOLOMÉ.

Albert BESNARD.

Jacques BLANCHE. ..

Raymond BONHEUR.

Émile BOURDELLE.

BRACQUEMOND, Président d'honneur de la Société des Peintres-Lithographes et des Peintres-Graveurs français.

Alfred BRUNEAU.

CAPLAIN.

CAROLUS-DURAN, Membre de l'Institut, Directeur de l'Académie de France à Rome.

CHAUTARD, Conseiller municipal.

CHEVALLIER.

Charles COTTET.

Armand DAYOT, Inspecteur général des Beaux-Arts.

Maurice DENIS.

Lucien DESCAVES.

Paul DESJARDINS.

Georges DESVALLIÈRES.

L.-H. DEVILLEZ.

Jean DOLENT.

G. DUBUFE.

ESCUDIER, Conseiller municipal.

Élie FAURE.

Arthur FONTAINE, Directeur du Travail au Ministère du Travail.

Anatole FRANCE, de l'Académie française.

Paul GALLIMARD.

Gustave GEFFROY.

Grunbaum.

Habermann, Président de la Sécession de Munich.

Maurice Hamel.

Louis Havet, Membre de l'Institut, Professeur au Collège de France.

G. Hœntschel.

Hohenberger, Président de la Sécession de Vienne.

Sir Charles Holroyd, Directeur de la National Gallery.

Th. Homolle, Membre de l'Institut, Directeur des Musées nationaux et de l'École du Louvre.

Francis Jammes.

Frantz-Jourdain, Président du Salon d'Automne.

G. Lafenestre, Membre de l'Institut, Conservateur honoraire au Musée du Louvre, Professeur au Collège de France.

Albert Lebourg.

Camille Lefèvre.

Paul Leprieur, Conservateur au Musée du Louvre.

Henry Lerolle.

L. Lhermitte.

Henry Marcel, Administrateur général de la Bibliothèque Nationale, Directeur honoraire des Beaux-Arts.

Roger Marx, Inspecteur général des Musées.

Camille Mauclair.

Octave Maus, Président de la Libre Esthétique de Bruxelles.

René Ménard.

Ménard-Dorian.

E. Metchnikoff.

André Michel, Conservateur au Musée du Louvre.

Octave Mirbeau.

Étienne Moreau-Nélaton.

Charles MORICE.

Gabriel MOUREY.

Joanny PEYTEL.

Ch. PLUMET.

PONTREMOLI.

Auguste RENOIR.

Alfred ROLL, Président de la Société Nationale des Beaux-Arts.

Henry ROUJON, Secrétaire perpétuel de l'Académie des Beaux-Arts.

O. SAINSÈRE, Conseiller d'État.

Gabriel SÉAILLES, Professeur à la Faculté des Lettres de l'Université de Paris.

Lucien SIMON.

Victor de SWARTE.

Henry TUROT, Conseiller municipal.

THIÉBAULT-SISSON.

VERHAEREN.


*Délégué à l'organisation de l'Exposition :*

M. Léonce BÉNÉDITE, Conservateur du Musée National du Luxembourg, Président de la Société des Peintres-Graveurs et de la Société des Peintres-Lithographes.


*Secrétaires :*

MM.

Charles MASSON, Conservateur adjoint du Musée National du Luxembourg.

François MONOD, Attaché à la Conservation du Musée National du Luxembourg.

# LES TABLEAUX, DESSINS & LITHOGRAPHIES
## EXPOSÉS

ONT ÉTÉ PRÊTÉS PAR :

LE MUSÉE NATIONAL DU LUXEMBOURG.
LE MUSÉE DES BEAUX-ARTS DE LA VILLE DE PARIS.
LE MUSÉE DE MONTARGIS.
LE MUSÉE DE TOULON.

La Famille CARRIÈRE.
M<sup>mes</sup> Eugène CARRIÈRE.
DELVOLVÉ-CARRIÈRE.
Nelly CHOUBLIER-CARRIÈRE.
M<sup>lles</sup> Lucie CARRIÈRE.
Marguerite CARRIÈRE.
Arsène CARRIÈRE.
M. Jean-René CARRIÈRE.

M. Alfred AGACHE.
M<sup>mes</sup> ARBELOT.
BARTHÉLEMIER.
BENJAMIN-CONSTANT.
MM. BERNHEIM JEUNE.
Armand BERTON.
Albert BESNARD.
M<sup>me</sup> BONHEUR.
M<sup>lle</sup> Hélène BONHEUR.
M<sup>me</sup> CAMION.
M. P. CAPLAIN.
M<sup>mes</sup> CHAUSSON.
COURTIER-DARTIGUES.

Mᵐᵉ Alphonse DAUDET.

MM. DÉZERVILLE.
Jean DOLENT.

MM. Jacques DRAKE DEL CASTILLO.
Henri DUHEM.

Mᵐᵉ DUMONT.

MM. le Dʳ J.-L. FAURE.
Arthur FONTAINE.
Anatole FRANCE.
Paul GALLIMARD,
Gustave GEFFROY.
le Dʳ GORODICHZE.
GRUNBAUM.
Georges HŒNTSCHEL.
FRANTZ-JOURDAIN.

Mᵐᵉˢ KEMPF.
Frances KEYZER.

MM. LACARRIÈRE.
DE LAGOTELLERIE.
L. LÉGER.
Henry LEROLLE.
LHERMITTE.
L. MANCHON.
MANZI.
Henry MARCEL.
Roger MARX.

Mᵐᵉ MÉNARD-DORIAN.

M. E. METCHNIKOFF.

Mᵐᵉ MONTAGNE-DEVILLEZ.

M. NOEL.

M^me Paul PELET.

MM. E. PELLETAN.

Joanny PEYTEL.

le Général PICQUART.

PONTREMOLI.

Henri ROCHEFORT.

Auguste RODIN.

Jacques ROUCHÉ.

Gabriel SÉAILLES.

M. STIEGELMANN.

Émile STRAUS.

Jules STRAUSS.

M^me J. TAIGNY.

MM. C. DE VERCY.

G. VIAUD.

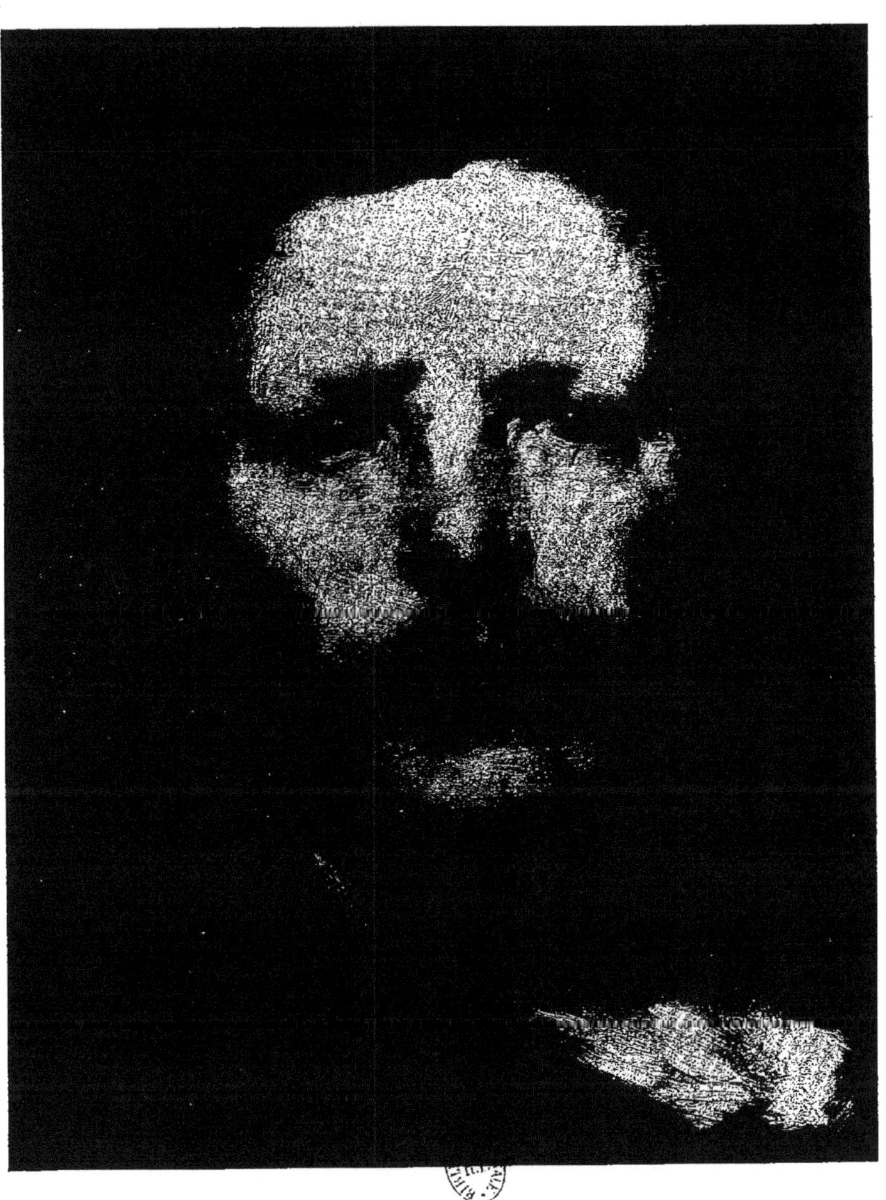

PORTRAIT d'EUGÈNE CARRIÈRE (1887)

# EUGÈNE CARRIÈRE

## I

L'épreuve toujours est redoutable de ces expositions posthumes, où l'œuvre d'un peintre se présente non plus par fragments, mais dans son ensemble, comme le livre clos d'une destinée accomplie[1]. L'œuvre d'art est une confidence; l'homme s'y révèle et s'y juge. Les défaillances, les lassitudes, les espoirs trop courts, les satisfactions trop promptes, tout se trahit dans ces pages qu'il n'est plus possible de faire mentir. Que de beaux départs pour de lointains voyages, qui ont laissé le voyageur à la première étape, occupé à répéter le geste qui lui valut un succès éphémère et qui, détaché du

1. Eugène Carrière est né le 29 janvier 1849, à Gournay. Il est entré en 1869 à l'École des Beaux-Arts, dans l'atelier de Cabanel. En 1870, il s'est engagé pour la durée de la guerre, a été fait prisonnier à Neuf-Brisach et interné à Dresde. Il s'est marié en 1877 et, après son mariage, a passé six mois à Londres. En 1884, il obtient une mention honorable, avec un portrait d'enfant qui tient un chien; en 1885, l'*Enfant malade* lui vaut une médaille. Il expose en 1886 le *Premier voile*, en 1887 le *Portrait du sculpteur Devillez*, en 1888 le *Portrait de Jean Dolent* et un nu (*Femme à sa toilette*), en 1889 l'*Intimité*. En 1889, à l'Exposition universelle, il est proposé pour une médaille d'honneur et décoré. A partir de cette date, la fondation du Salon du Champ de Mars lui permet de présenter ses œuvres dans des conditions favorables. L'histoire de sa vie n'est que l'histoire de ses œuvres, qui le mènent du *Sommeil* (1890) au panneau des *Mères* (1900) et au *Baiser du soir* (1901). En octobre 1902, il subit une première opération; en novembre 1905, il est opéré une seconde fois, et il meurt le 27 mars 1906.

sentiment, de plus en plus échappe à sa main crispée ! Que de misères dorées, que de pauvretés honnêtes soudain révélées !

Carrière peut affronter le jugement des morts. Il a fait loyalement son métier d'homme et d'artiste. Il n'a pas cessé de grandir et, à peine disparu, il est entré dans la postérité. Ceux qui l'ont connu, ceux qui l'ont aimé, ceux qui ont suivi ses travaux, partagé ses joies et souffert ses souffrances, s'étonnent de le voir si vite s'éloigner dans le temps et leur apparaître, comme reculé, dans la société des maîtres d'autrefois qui l'accueillent.

Le secret de sa force a été dans sa sincérité. Toujours il s'est refusé à l'apparence et au mensonge. Dès le début, il a eu foi dans son génie, si nous dépouillons ce mot de ce qu'il impliquerait d'orgueil et de prétention vaine, pour lui rendre son sens antique, le sens du dieu intérieur, qu'ébauche en chacun la nature et dont il appartient à chacun, par son effort, de sculpter la forme idéale. Sa foi dans son génie ne fut que sa volonté héroïque de vivre. Il ne chercha pas d'abord à deviner les autres et ce qui pouvait leur plaire : il voulut se connaître lui-même et il comprit que l'homme ne se connaît qu'à l'épreuve, qu'il ne découvre ce qu'il peut et ce qu'il doit que par ce qu'il fait. Il entrait dans la vie avec l'ingénuité qui en renouvelle les aspects éternels. Son travail patient, attentif, presque religieux, en le révélant à lui-même, peu à peu lui livrait les secrets d'un langage dont l'originalité s'accordait à la résonnance unique des choses dans son âme profonde et tendre. Sans doute il pensait à ces heures de résolution, d'angoisse et d'espérance, à ces heures où, par le choix de la route, la vie se décide, quand il écrivait de la jeunesse : « C'est l'instant où l'homme est en accord absolu avec la jeunesse éternelle de la nature, où l'énergie créatrice domine son être et lui fait de l'héroïsme une vertu familière. Dans ce moment si beau et si court, l'homme est maître de son destin. Il peut vouloir la recherche de sa propre nature, découvrir son image dans ses semblables, jouir de la connaissance des causes profondes de la vie, ou se complaire à la satisfaction passagère des apparences. »

A plusieurs reprises, dans son œuvre, il s'est plu à rendre cette volonté de la vie, cette audace impétueuse ou sereine, qu'aimait dans la jeunesse son optimisme fait de vaillance et d'obstination. Reculée dans la toile, princesse lointaine, une toute jeune fille se tient debout, grandie par les plis calmes de la robe blanche qui descend jusqu'à ses pieds. Un peu en avant, à ses côtés, est accroupi un énorme chien, symbole de tout ce qui la protège encore des réalités prochaines; mais elle, droite, fière, la bouche résolue, la main gauche ramenée sur la poitrine, dans une attitude de recueillement et d'attente, sans rien savoir du mystère dont elle est l'héroïne, regarde l'inconnu dont la sépare la mobile barrière du temps qui s'écoule *(Portrait de M<sup>lle</sup> M. Séailles)*. Dans la décoration pour la Sorbonne, l'heure des hésitations est passée, et devant la grande ville, vaste mer semée d'écueils, émergeant de la brume, se dresse *la Jeunesse*, qui, sans même voir auprès d'elle la femme assise et lassée, du regard et du geste s'élance, emportée par la volonté de savoir et de vivre.

Le génie de Carrière n'est pas cette grâce qui devance l'effort, cette harmonie de. dons rares que l'artiste trouve en lui comme préétablie et qui, dès ses premières œuvres, le surprend et les autres. Il est dans son destin de tout mériter, de conquérir cela même qui lui a été donné. Son génie est la richesse d'une nature complexe, qui d'abord s'ignore et par l'action seule manifeste ses puissances et leur accord. Résigné aux ignorances provisoires, qu'une science d'emprunt fixe en les dissimulant, il n'arrête pas le libre mouvement de sa pensée. Son art et sa vie se mêlent, se pénètrent, s'éclairent l'un par l'autre. Il accueille les émotions qui lui viennent de la nature et des hommes, il les éprouve dans toute leur fraîcheur, et, pour les traduire, il crée incessamment le langage pittoresque qui est son mode naturel d'expression.

Il ne veut rien de mort en lui, il ne se confie point à la routine née du travail passé, il revivifie sans cesse l'habitude en la reliant à des formes d'action plus hautes. Chaque œuvre qu'il aborde est une occasion de recherches qui lui donnent quelque chose d'imprévu : elle est un commencement autant qu'une suite. Il se met au travail avec joie dans l'attente de ce qui va sortir de sa spontanéité, enrichie de réflexions nouvelles. Sa vie est ainsi une série de découvertes qui s'enchaînent, se complètent l'une par l'autre, par degrés le conduisent du dehors au dedans, des effets aux causes, des valeurs à leurs principes, des formes superficielles aux substructures qui les expliquent, des modelés aux plans. Un progrès lent, continu, l'élève, comme les grands maîtres de la Renaissance, de la pratique d'un art particulier au sens de l'universel, à l'intelligence des proportions, lois communes de la nature créatrice et du génie qui la continue. Sa philosophie n'est pas la science qui décompose et se nourrit de choses mortes, elle est son art même, une vivante synthèse, le sentiment « de cette qualité qui est l'ornement et la beauté du monde (Léonard de Vinci) ». Il ne calcule pas les rapports, il éprouve les proportions, il voit, pour ainsi parler, les nombres qui y sont impliqués d'un regard, dans l'harmonie qui les somme, il les connaît en en jouissant. Interprète de la nature, il ne dit que ce qu'elle lui révèle, il la découvre en s'approfondissant lui-même, et, dans la certitude de son entente avec elle, l'acceptant dans ce qu'elle interdit et dans ce qu'elle permet, il unit la résignation tranquille à l'inévitable, à la ferme résolution de vouloir et de faire tout le possible.

L'œuvre de Carrière ne peut que gagner à être vue dans son ensemble, parce que, vue ainsi, loin de se disséminer, elle se concentre. Ses tableaux ne sont pas des pages détachées, où le mécanisme d'un procédé de plus en plus sûr répète les gestes d'une émotion jadis sincère ; ils sont comme les chants d'un poème qui s'appellent et se répondent, l'œuvre unique d'un esprit toujours en action qui, dans la continuité de son effort, sans rien perdre du passé, réalise l'avenir dont il était l'annonce et qui lui donne son sens.

Quand nous parlons de progrès continu, il faut s'entendre. Le libre mouvement d'un esprit n'a rien, dans ses démarches, d'une rectitude mécanique. Nous simplifions pour comprendre. Les mots trahissent la réalité intérieure, fixent son perpétuel devenir, toujours appellent une correction, un repentir. A suivre les œuvres de Carrière dans leur genèse, il faudrait noter sans cesse des souvenirs et des pressentiments, des retours et des anticipations. Mais ces complexités, ces entrecroisements d'actes et de pensées ne doivent pas dissimuler la logique supérieure qui préside à l'évolution de son génie.

Le privilège de Carrière est de concilier dans sa nature puissante l'ardeur d'une sensibilité que toute vie exalte et la sagesse d'une raison éprise d'intelligence et d'ordre. Son bel équilibre est fait de ces contraires en accord. Les innombrables croquis, qui sont ses notes de vie, nous le montrent fixant d'un trait hardi le geste d'un sentiment, ne laissant de la forme que ce qu'elle a d'expressif, la maniant avec une sorte de violence passionnée. Jusqu'au dernier jour, il poursuivra cet effort pour surprendre, dans leur éloquence imprévue, ces détentes soudaines de l'être, où se trahit la pure émotion. En même temps, à mesure qu'il observe la nature, qu'il la pénètre en l'imitant, sa raison de plus en plus s'attache à ce qui lui répond dans les choses, aux lois qui régissent la construction des formes, qui y réalisent, en la variant à l'infini, sans la violer jamais, la logique des proportions. Et de plus en plus, dans ses œuvres, il dédaigne le détail visuel, il simplifie, il va à l'essentiel et s'y tient ; mais sa raison n'est qu'une forme supérieure d'amour ; il n'a rien perdu de sa sensibilité première, que, bien plutôt, son intelligence de la vie fait plus ardente, et il met une extraordinaire intensité d'expression dans les formes individuelles, ramenées aux plans, aux volumes qui en soulignent les éléments permanents.

Le progrès de son art n'est ainsi que le progrès même qui l'amène à la pleine possession et à la pleine jouissance de ses facultés en accord. Il a réalisé son rêve : il s'est découvert lui-même, et en se découvrant, il a découvert le monde qu'il a trouvé dans sa pensée. Au terme sa technique est le procédé qui répond à la fois à sa tendresse passionnée et à sa ferme raison, comme son idéal artistique est l'expression d'une vie d'autant plus ardente qu'elle agite des formes plus stables et semble mettre le frémissement du temps dans l'immobile et l'éternel.

## II

Carrière n'entrait pas dans la vie avec l'orgueil niais des gens qui prétendent ne rien devoir aux autres et ne veulent rien moins que commencer le monde. Il trouve « regrettable que les moyens, les procédés soient si négligés, et que les artistes aient à se débattre dans des difficultés qui devraient être résolues avant toute autre question. » (Lettre à M. Bernasconi.) Loin de rompre avec la tradition, il est convaincu qu'il y a des règles inviolables, que l'instinct et l'expérience des maîtres de tous les temps ont peu à peu définies, et dont l'originalité individuelle ne peut que varier les applications. A l'atelier de Cabanel, il a été un élève docile, appliqué, sans défiance ; il a concouru pour le prix de Rome et il est monté en loge. Il a dit plus d'une fois la désillusion que lui avait laissée l'enseignement tout extérieur, tout apparent, de l'École. Les artistes de la Renaissance vivent dans l'atelier du maître, ils sont les confidents de sa pensée, les collaborateurs de son œuvre ; leur apprentissage est une véritable initiation. A l'École des Beaux-Arts, le métier est détaché de ce qui lui donne un sens, réduit à une virtuosité mécanique ; « le professeur apparaît une ou deux fois par semaine, donne une minute à peine à chaque élève, cache sa méthode d'exécution, borne le renseignement professionnel aux corrections les plus élémentaires ». Puisqu'on ne lui avait point appris la grammaire de l'art, et qu'à l'inverse de tant d'autres, il avait du moins le sentiment de son ignorance, il lui restait de l'apprendre, en s'essayant à parler. Le *portrait de sa mère* (1876), nous montre avec quelle candeur, avec quelle loyauté, il se met à l'école de la nature et s'efforce d'entendre ses enseignements. L'œuvre n'est pas dominée, elle est littérale ; la figure a quelque chose d'arrêté, d'immobile ; l'exécution est lourde, les fonds sont impénétrables ; mais, si l'observation est timide encore, elle est obstinée ; elle atteste une conscience, une volonté, un sérieux qui sont les gages de l'avenir.

Cet homme attentif, qui vit l'œil ouvert, l'esprit en éveil, ne tarde pas à reconnaître qu'une forme vivante n'est pas un objet indifférent, qu'on reproduit en le copiant avec une fidélité toute matérielle. Une exécution qui se prend à chaque partie successivement laisse échapper avec l'unité les rapports qui en font la richesse et la grâce. Comme la vie, l'art ne va pas sans risques, il est une audace réfléchie. Imiter la nature, ce n'est pas copier servilement un objet, c'est surprendre les procédés par lesquels elle le crée pour notre œil, et c'est faire comme elle. Carrière aperçoit que les formes sont construites par la lumière : sa première découverte est celle des valeurs. « Regardez, me disait-il, tout l'art du peintre tient dans cette carafe ; ici la clarté la plus intense qui d'abord s'impose, et des valeurs, qui, à partir de là, décroissent, pas une qui soit égale à l'autre, et de tout cela se construit la forme faite de leur variété infinie. »

Cette vérité, premier pas dans sa marche des effets aux causes, porte avec elle ses conséquences. Il les dégage. La main dépend de l'esprit ; la technique répond à la manière de regarder et de voir. Loin d'être lourde, opaque, il faut que la matière s'allège, se subtilise pour égaler les fluidités de la lumière. Le dessin ne consiste point à suivre des lignes schématiques qui n'existent pas, bien plutôt il consiste à aller vers ces limites imaginaires par l'intelligence et l'application des lois de la vision, en faisant naître la forme du discernement des clartés dont les degrés la construisent. La peinture sort ainsi des abstractions d'école, des mensonges conventionnels, elle serre de plus près la réalité. Elle est fille de la lumière, qui est pour nous la créatrice du monde visible. Du même coup libérée du contour géométrique, assouplie, allégée, elle devient un langage où la vie peut trouver son expression. Quand on parle de Carrière, ce qu'il faut dire avant tout, c'est qu'il est un grand réaliste. Il laissa les littérateurs parler. Nul ne fut plus résolument un peintre, c'est-à-dire avant tout un œil sensible et clairvoyant; ses audaces toujours justifiées ne sont que ses efforts pour adapter son langage pittoresque à son intelligence toujours plus profonde de la nature et de ses enseignements.

A cette date déjà, il est le peintre des enfants comme il va être le peintre des maternités, sans y songer, parce que son art est sa vie même. Il n'attend pas que la nature entre chez lui, à heures fixes, sous la forme d'un modèle banal; la peinture est son langage naturel, Il dit ce qui occupe sa pensée et remplit son cœur. Inquiet de surprendre la vie, il ne se lasse pas de regarder les êtres qui vivent sous ses yeux. Les heures où il travaille ne sont pas ses heures de corvée professionnelle, elles sont toute son existence; en lui le peintre est l'homme même.

Il se plaît d'abord à des scènes où le sentiment, comme la facture elle-même, a la grâce d'un sourire. Un gros bébé de la main gauche tient un hochet d'ivoire, où sonne un grelot d'argent, tandis qu'il suce avec conviction le pouce de sa main droite; un enfant, avec des allures de page, apporte un verre sur un plateau; sérieuse, une petite fille baise le museau de son griffon; un garçon souriant serre son chien contre sa poitrine. Volontiers il rapproche l'enfant et le chien comme deux bons compagnons que leurs jeux associent. Carrière aime le chien et, chaque fois qu'il l'accueille dans une de ses toiles, il le rend avec une verve incomparable. Sa main se fait plus libre, plus familière, avec quelque chose de caressant : en quelques touches hardies, il marque les traits de l'espèce, les habitudes originales qui varient l'intelligence du regard, les gestes permanents de paresse, d'attachement, de vigilance : du petit griffon, le nez frais, l'œil éveillé *(Deux amis),* du lévrier souple et fort qui, impatient d'un trop long oubli, pousse de la tête la jambe de son maître *(Portrait de Deville*z*),* au gros frisé, couché sur le flanc, tous les muscles détendus, qui se refuse aux agaceries de sa petite maîtresse *(Portrait de Jean Dolent).*

Dans ces premières toiles (1880-1885), le langage de Carrière est tout de clarté, sans sous-entendus, sans réticences. Détachée sur un fond plus sombre, la figure vient comme au devant du spectateur. Volontiers il pare ses enfants d'une collerette blanche et légère qui encadre le visage, et il modèle dans la lumière parfois sans une ombre, par une gradation savante de tons argentins, auxquels se marie le rose des lèvres souriantes et sur lesquelles tranche l'éclat des yeux triomphants. Déjà sans doute se manifeste sa tendance à simplifier, mais, s'il néglige la polychromie, il se révèle un rare coloriste par la délicatesse d'une perception qui multiplie l'intervalle des valeurs en notant de subtils rapports. Un coloriste n'est pas un homme qui juxtapose des couleurs saturées, mais bien un homme qui discerne des nuances, des degrés, et, entre les limites qu'il choisit, marque la richesse des éléments et des relations dont il dispose. Ennemi de toute violence, Carrière compose dans une belle matière des harmonies charmantes où son intelligence et sa sensibilité se pénètrent pour donner à l'œil des jouissances qui sont des joies de l'esprit. Pour comprendre le développement ultérieur du talent de l'artiste, il convient de garder le souvenir de ces premières œuvres, des qualités qu'il y montre, et de se rappeler que ces qualités, loin de les perdre, il ne cesse de les accroître par la culture de lui-même, en les appliquant à la solution de problèmes nouveaux.

## III

Les tableaux de Carrière commencent à attirer l'attention , il obtient une première récompense ; quelques-uns prononcent le grand nom de Velazquez. Déjà il a laissé derrière lui ceux qui le cherchaient dans la foule ; il est au delà, plus loin, à la conquête et à la joie de découvertes nouvelles. N'imaginons pas un hasard heureux, une idée jaillie de la synthèse soudaine d'expériences à demi conscientes. L'instinct et la réflexion, chez lui, toujours s'accompagnent ; l'instinct prévient et sollicite la réflexion qui le précise et l'éclaire. Il grandit ainsi d'une croissance lente et sûre, où chaque progrès de là nature se confirme par une prise de la volonté. Déjà, dans sa première maternité, dans la *Jeune Mère* du Salon de 1879, il avait cherché à relier à son milieu — une chambre rustique, où l'on aperçoit un tonneau, quelques ustensiles de ménage    la femme qui, le bras et le sein découverts, allaite un bébé en maillot, faisant comme retentir sur le demi-silence des fonds la poitrine de la mère, le corps et le visage de l'enfant. Mais si la scène nous charme par ce qu'elle a d'intime et de recueilli, le peintre n'est pas maître encore de sa technique, et il pose le problème de la perspective aérienne plutôt qu'il ne le résout.

Carrière a pour principe de ne rien précipiter, il sait attendre. L'idée qu'il semble avoir abandonnée, toujours présente, lentement murit et lève à son heure. L'étude et la notation des valeurs, par une vivante logique, amène son œil pénétrant à voir ce qu'il avait entrevu, et à la suite son esprit, qui guide et surveille ses sensations, à comprendre ce qu'il avait soupçonné. Observant les êtres qui lui sont chers dans les chambres, où la lumière se tamise, s'exalte, s'apaise, s'éteint dans les coins d'ombre, il découvre que l'être est relié à son milieu, qu'il n'en est séparé que par un artifice qui est une impuissance. La lumière ne modèle une tête que parce qu'elle la baigne et l'enveloppe. Il y a là de « subtils passages », qu'il convient de saisir et de rendre, pour ne pas faire d'une figure peinte une découpure arbitraire, une image isolée de ce qui l'explique. Il faut peindre ce qu'on ne sait pas voir, ce qui existe, l'air lumineux qui s'interpose, qui situe les choses à leur plan, donner par là leur vrai sens aux valeurs, en suivant la continuité de la lumière qui ne s'épanouit sur un objet que parce qu'elle rayonne autour de lui.

Carrière alors se trouve vraiment maître de sa pensée et du langage qu'elle a peu à peu créé en cherchant son expression. Sa technique savante concentre ses observations, les clairvoyances de son œil délicat et averti, concilie l'ardeur de sa sensibilité et l'impérieuse logique de son esprit. Les croquis dans lesquels il ne cesse de surprendre et de noter les attitudes des êtres qui vivent sous ses yeux, lui ont donné le sens des gestes qui parlent. Il dédaigne le geste résumé, abstrait, qui vient des tableaux et que le modèle a appris dans les ateliers ; il saisit le mouvement immédiat, en train de s'accomplir, et il le fixe sans l'arrêter, non comme l'image d'une chose, mais comme l'acte d'une énergie. Si Carrière généralise, il le fait en artiste. Il ne supprime ni n'atténue l'individuel, il va à l'essentiel par l'intelligence de ce qu'il y a de plus caractéristique et de plus profond dans l'individu, aux heures de pleine franchise. En même temps, si ces croquis ne laissent de la forme que l'arabesque expressive, comme un tracé de la volonté dans l'espace, si dans l'œuvre définitive il garde l'élan passionné des corps qui se jettent dans la direction du sentiment, il a le respect de la forme, comme il a l'amour de l'ordre. Il sait que l'émotion se manifeste par les limites mêmes qui la contiennent, alors qu'elle semble vouloir les franchir. L'étude des modelés lui donne de plus en plus le goût des constructions fortes ; la vie est comme un chant mélodique qui se détache sur des harmonies profondes et stables. Un corps vivant est un ensemble de rapports mobiles, que l'action sans cesse varie en en respectant les lois essentielles.

Au terme, ce qui fait la valeur expressive des œuvres de

Carrière, c'est ce qu'il apporte de nouveau, d'original ; c'est sa vision personnelle de la réalité, c'est sa volonté de relier l'être à son ambiance, les valeurs à la lumière diffuse, dont elles ne sont, pour ainsi parler, que les condensations. Il ne met pas la figure dans un espace banal, abstrait, sur lequel elle se découpe, il ne lui suffit pas de la rattacher par une perspective géométrique à l'espace du spectateur, il la situe dans un espace qu'elle crée, en quelque façon, pour y vivre. Les fonds ne sont plus indifférents, ils sont partie intégrante de l'œuvre, ils s'animent, prennent une signification morale. La diversité des plans met chaque chose à son rang ; l'objet familier est vu dans un recul qui lui donne le sens d'une habitude inaperçue et nécessaire ; les jeux intelligents de la lumière et de l'ombre atténuent ce qui veut l'être, donne tout son relief à ce qui vaut d'être dit. Les groupes ne sont pas faits de personnages juxtaposés, ils s'ordonnent spontanément sous l'action du sentiment qui les rapproche, comme un même être dans un même milieu.

Sans s'inquiéter des objections, des critiques, des résistances, Carrière justifie ses certitudes par des chefs-d'œuvre. En se livrant au travail et à la vie qu'il ne distingue pas, il écrit, jour à jour, les épisodes de son grand poème de l'enfance et de la maternité. Des petits tableaux, où il fixe les gestes de l'enfant, les soins et les caresses des mères, il passe sans effort aux grandes compositions. Si l'*Enfant malade* (1885) témoigne encore de quelque embarras, *le Premier voile* (1886) ne laisse plus douter de la maîtrise du peintre : la belle ordonnance, la variété et la justesse des sentiments exprimés, de l'aïeul qui songe au bébé qui s'effare, le modelé des têtes dans la lumière ou la pénombre, surtout l'atmosphère vivante qui enveloppe ces êtres, qui les relie l'un à l'autre, comme le sentiment même dans lequel ils communient, l'air visible qui, reculant les objets familiers, donne aux choses mêmes le mystère d'une vie sentimentale, tout atteste la vérité et l'éloquence de ce langage qui nous révèle des aspects de la réalité jusqu'alors inaperçus, en nous renvoyant l'écho du vieux monde dans une âme qui le rajeunit. Aux Salons suivants, Carrière expose les portraits du sculpteur Devillez, de Jean Dolent, de M^me Galimard ; un nu d'un modelé puissant, d'une belle matière, où la chair frémissant de vie rayonne de l'ombre.

Dans toutes les œuvres qu'il peint à cette époque, Carrière n'est pas seulement l'artiste émouvant qui surprend dans sa grâce ingénue le geste d'instinct, met dans une attitude, dans un élan, la joie, la tendresse, le tragique de la maternité, il reste un rare coloriste par le sens délicat des valeurs, par la multiplicité des degrés et des relations qu'il observe et qu'il note, par les harmonies graves ou caressantes, plus encore par la divination des correspondances qui accordent ces harmonies de la lumière et de l'ombre, comme la musique sonore, aux émotions de l'âme. En 1889, il exposait *l'Intimité,* qui soutient sans effort le voisinage des chefs-d'œuvre de la collection Moreau-Nélaton. C'est la vie dans sa vérité, mais surprise en une de ces rencontres heureuses, où elle semble créer spontanément de la beauté. De ces trois êtres, auxquels, pour un instant, un même sentiment de tendresse fait une même âme, par l'arabesque des lignes, par l'ordonnance des masses, se compose d'elle-même une forme complexe et vivante, dont toutes les parties conspirent. Que ceux qui veulent comprendre ce que j'appelle le réalisme de Carrière observent comment, dans l'atmosphère fluide qui l'enveloppe, le groupe, d'une solidité sculpturale, se construit dans ses plans, recule dans la toile et remplit par son volume les trois dimensions de l'espace. Le coloriste se révèle dans la vision synthétique qui, par la distribution des clartés et des ombres, compose le groupe d'ensemble, le modèle dans toutes ses parties à la fois ; dans l'invention des harmonies discrètes, apaisées, qui répondent au rythme caressant des gestes de tendresse ; dans les rapports délicats qui différencient les tons des visages, et qui, comme les notes d'un chant qui monte, des noirs profonds de la robe de la jeune fille élèvent jusqu'aux blancheurs rosées de la tête, où se pose, avec le baiser de la petite sœur, le baiser de la lumière.

Carrière une fois encore a triomphé des résistances, convaincu ceux qui d'abord refusaient de l'entendre. A l'Exposition Universelle de 89, il est proposé pour une médaille d'honneur, décoré. Comme tant d'autres, il pourrait se répéter, s'imiter lui-même. Les amis qu'il s'est faits l'y encouragent par leur admiration. Mais tout mensonge lui est interdit, la parole, chez lui, ne peut se séparer du sentiment et de la pensée. Son métier n'est pas un jeu de reflexes, il est le langage que perpétuellement il invente pour traduire les nouveaux aspects des choses qu'il découvre. Ceux qui font de l'art un moyen pour des fins étrangères, réputation, argent, honneurs, peuvent vivre d'un art mort, l'art de Carrière est sa vie même. Toujours il est en avant de ceux qui l'aiment et ne le suivent qu'en tremblant. Il dira comme Le Poussin : « Quand on sait peindre, il faut mourir. »

## IV

Une fois encore, il surprend ceux qui se flattaient de l'avoir compris. On le croyait arrivé, il était en marche. La pratique de son art, ses incessantes observations, ses réflexions sur ce qu'il observe, le conduisent à des vérités nouvelles. Sans souci de ceux qui prétendent le retenir ou le ramener en arrière, il poursuit sa marche. Peignant d'abord pour se satisfaire lui-même, ne doutant pas des réalités qu'il observe, sûr d'être entré plus profondément dans les lois des choses, il ose les synthèses et les simplifications qui répondent à son tempérament réfléchi et passionné. Comme sa lucide raison s'accorde avec l'ardeur contenue de sa sensibilité, de plus en plus il trouvera, en dehors des accidents physionomiques, dans la structure d'un visage, réduit à ses plans essentiels, la plus éloquente mimique expressive.

Préoccupé dès longtemps des valeurs, il ne fut jamais de ceux qui voient une tête comme une surface plate et colorée,

toujours il a aimé les constructions, où les yeux, la bouche,
toutes les parties molles sont expliquées par les dessous
solides qui les préparent et les appellent. Mais si, par la notation et le rendu des valeurs, la forme au terme est atteinte,
elle n'est pas saisie d'abord dans son unité et dans ses lois,
de là des indécisions, des flottements possibles. Selon la
loi de son esprit, Carrière va des effets aux causes, des valeurs
à leur principe, des lumières et des ombres aux reliefs, aux
creux qui les définissent, et des modelés il est conduit de
plus en plus à la substructure osseuse qui sculpte les plans
de la figure humaine. « Il faut distinguer le modelé dans les
plans et le modelé en dehors des plans. » De plus en plus,
par suite, il néglige ce qui d'abord se voit, tout ce que, par
suite, la plupart des hommes regardent, l'éclat ou la couleur
des yeux, le rose d'une bouche, la nuance d'un épiderme ; de
plus en plus il s'attache à rendre les volumes dans leur pro-
portion, à faire sentir les substructures qui sont comme les
assises de la forme individuelle et dans sa mobile apparence
font apparaître, avec la continuité des formes ancestrales,
l'éternelle logique de la nature créatrice. « La mise au point
que fait l'esprit au profit du souvenir est le but réel de l'art.
Un nombre de rapports réunis donne le sens de la durée.
Pourquoi l'art retiendrait-il ce que la mémoire rejette ? C'est
de l'essentiel que l'esprit se nourrit. Il se disperse, s'il exagère
le prix des accessoires de l'instant. » L'essentiel, c'est la
passion, où la vie se concentre et s'exalte, en manifestant
ses instincts primitifs, non par des signes superficiels, mais
par ce qu'il y a de plus réel dans les formes, « les volumes
significatifs. »

Ainsi comprise, la peinture n'est pas une manufacture
d'images faites pour amuser les yeux. Carrière ne veut pas
que le personnage aille au-devant du spectateur, qu'il soit
peint pour les autres ; il veut qu'il existe en lui-même et
pour lui-même, qu'il respecte le mystère de sa propre vie,
qu'il garde la sincérité et la muette éloquence des êtres qui
vivent sans se sentir observés. Le tableau n'est pas une

fenêtre ouverte sur un fait divers ; il est un tout qui se suffit à lui-même, où l'être et son milieu se complètent l'un par l'autre. « L'atmosphère générale est le ton qu'il faut créer avant toutes choses, comme base du mode dans lequel est peint le tableau. » (Lettre à M. Bernasconi.) En créant à la figure son ambiance, Carrière la recule dans la toile, la fait apparaître dans une sorte d'éloignement. Il néglige les colorations ; le drame émouvant de la lumière et de l'ombre suffit à l'expression de sa pensée, et il transpose dans une gamme assourdie les rapports réels pour ne dire que ce qu'il lui convient de faire entendre.

Le technique qu'il adopte répond à son besoin de synthèse et de concentration. Il prépare sur sa palette une matière homogène, qu'il compose « des terres les plus simples et les plus solides », et qu'au cours du travail il mêle plus ou moins de blanc, et sur sa toile, il fait peu à peu surgir l'œuvre des progrès d'un modelé continu. Il ne va pas des parties au tout, il ne peint pas par morceaux, il ne juxtapose pas des tons, il construit son tableau tout entier à la fois, graduant les clartés, attentif aux passages, préparant les dessous qui doivent transparaître sous les glacis, équilibrant les volumes, dans la continuité d'un travail qui répond à l'unité de la vision intérieure [1].

Ceux qui — éloge ou blâme — ont parlé d'occultisme, d'apparitions, ont prouvé seulement qu'ils ne regardaient pas l'œuvre qu'ils avaient sous les yeux. Carrière est un peintre et il entend rester un peintre. Certes, il veut rendre l'invisible, mais c'est que toute forme répond à une pensée

[1]. « Pour ma part, je n'ai réussi qu'après m'être fait une méthode de peinture. Cette méthode, je me la suis faite pour rendre la forme d'émotion que la nature me donnait. L'étude des anciens maîtres aussi m'a beaucoup servi. Je me suis servi peu d'huile en dehors de celle qui se trouve dans les couleurs déjà préparées par les marchands. Je me suis surtout servi des terres qui sont les plus simples et les plus solides. Mes dessous, c'est-à-dire mes premières couches de travail, si je veux mener une œuvre longuement, sont toujours avec de la couleur mêlée de blanc, c'est-à-dire un gris qui me permet toujours de reprendre et

et qu'il est tenté de croire, avec Léonard de Vinci, que l'âme crée le corps dans lequel elle apparaît. Loin d'évaporer les formes dans un éther fluidique, jamais il n'a cherché plus âprement à les traduire dans leur volume et dans leur poids, à les construire dans leur solidité plastique. Son ferme bon sens répugne aux fantaisies et aux chimères. En simplifiant, il entend ne négliger que l'accident, ce qui accapare l'attention des hommes et leur cache les vérités profondes qu'ils ne savent point voir. Plus que jamais il est réaliste, si le réalisme n'est pas défini par la vue superficielle des choses, par la poursuite de l'apparence et de l'instant. Il ne sort pas de la réalité, il y entre plus avant, pour en retenir et en fixer surtout les éléments permanents, les rapports essentiels, qu'il sait voir et qu'il sait dégager. Il garde la passion de la vie, mais il s'est convaincu que, comme l'Océan n'est pas la vague qui le ride, la vie descend bien au delà des muscles mobiles qu'agite son frémissement, et que rien ne manifeste plus clairement l'irrésistible élan de sa montée vers la conscience que l'architecture cachée, aux harmonies séculaires, qu'elle édifie en y résumant toutes les possibilités de l'action. Son effort est ainsi d'adapter son langage de peintre au verbe de la nature. Il ne peint pas ce qu'il rêve, il peint ce qu'il voit. Cet homme vigoureux, de pleine santé, n'est pas tenté d'embrasser le vide, il aime ce qui résiste, ce qui pèse, ce qui se mesure, le squelette et ses belles proportions, ce qui réjouit à la fois son œil et son intelligence : « Une audace de découverte et d'affirmation s'empare de nous au contact de cette vie qui nous entoure, car la nature seule est capable d'émou-

d'élever le ton à la lumière et ensuite le rehausser de couleur plus foncée, et les noirs ou bruns foncés que je ne peins jamais du premier coup. Les couleurs transparentes ne doivent jamais être peintes en épaisseur ni en dessous ; elles sèchent mal et s'alourdissent en séchant : c'est donc toujours en glacis que je fais les noirs après les avoir préparés dans un gris plus fort que le reste, et ainsi de toutes les colorations qui agrémentent l'atmosphère générale du tableau. Cette atmosphère générale est le ton qu'il faut créer avant toutes choses, comme base du mode dans lequel est peint le tableau. » (Lettre à M. Bernasconi, 1904.)

voir la véritable imagination humaine, *celle qui découvre dans la vision du réel.* » Son art s'intellectualise sans se refroidir. Pour lui la logique n'est pas abstraite, elle est une logique vivante, une logique de la qualité, une synthèse d'harmonies, un autre nom de la beauté. Au Muséum, devant les pièces anatomiques qui sont comme les archives de la vie, son enthousiasme s'éveille : « Dans tout ce que nous voyons ici, nous trouvons la confirmation des choses qui nous ont émus, la condamnation de celles qui nous ont révoltés, du mensonge, de la bêtise. Nous y voyons glorifiées l'absolue sincérité, la logique qui est si belle, d'une beauté à laquelle on ne peut rien ajouter, dont on ne peut rien retrancher. »

Mais enfin pourquoi ces ténèbres ? Pourquoi reculer les personnages, les soustraire à nos prises, les plonger dans une atmosphère qui les voile et sollicite notre curiosité sans la satisfaire ? — Au lieu de vous préoccuper de ce que Carrière ne dit pas, efforcez-vous de comprendre ce qu'il dit ; au lieu de lui résister, marchez avec lui, et tenez-vous pour satisfait, si l'émotion qui vous pénètre le justifie ; Carrière ne peint pas ce que vous voyez, il peint ce qu'il voit, ce qui répond à son rêve et se relie à son observation de plus en plus clair-voyante de la nature. Il n'y a pas de ténèbres chez Carrière, il y a des dégradations indéfinies de la lumière, partout pré-sente, partout agissante. Le délicat harmoniste des premières œuvres se retrouve dans le peintre des grands nocturnes, il n'a rien perdu de ses dons, il en a trouvé des applications plus subtiles. Il faut savoir avec quelle patience, quelle saga-cité, avec quel sentiment de l'effet il étudiait ses fonds, avec quel art il les équilibrait. Il varie les degrés et les valeurs non plus dans la clarté, mais dans l'ombre, pour faire naître la forme du milieu qui l'enveloppe, pour la construire de la lumière qui, ici et là, par les passages gradués des tons, s'élève, délimitant les plans, ordonnant les volumes, déga-geant les signes expressifs. L'œuvre dans toutes ses parties se tient, se continue, semble l'éveil graduel d'une émotion qui, des profondeurs de la conscience monte et peu à peu se dessine, se précise, s'explique sans cesser de plonger dans les pénombres d'où elle émerge.

Comme tous les artistes de génie, Carrière nous apprend à regarder la nature, à nous y retrouver dans des aspects jusqu'à lui négligés. Il étend les correspondances qui lient certains accords sensibles à certaines nuances de l'émotion humaine. « Un soir d'été tiède et calme, dit Raffaëlli, je pénétrais dans une large pièce, à la campagne, où des amis étaient réunis, formant des groupes. Ils étaient silencieux, pénétrés de cette mélancolie que laissent, le soir, les belles journées qui s'en vont. Le soleil se couchait au loin et éclairait encore quelques visages de ses reflets, alors que d'autres disparaissaient déjà dans la nuit prochaine. Je m'arrêtai sur le pas de la porte, saisi de ce spectacle, et une angoisse régna sur nous. J'avais vécu dans ces quelques secondes un tableau de Carrière et j'en fus très frappé. »

Carrière d'ailleurs n'affecte pas la nouveauté, nul plus que lui n'a le sens et le respect de la tradition. Il aime à dire « que les choses sont toujours belles par les mêmes raisons ». L'originalité du style ne consiste point à violer les lois de la grammaire. Les conclusions auxquelles le conduit la pratique de l'art ne diffèrent pas, en dernière analyse, de celles auxquelles elle avait amené Léonard de Vinci. Pour Léonard de Vinci, la peinture est chose mentale *(cosa mentale)* », parce que son objet suprême est de faire apparaître l'esprit dans le corps qu'il a créé comme l'instrument de son action. Aussi il veut *que le peintre observe les hommes, quand ils se croient à l'abri de tout regard,* qu'il saisisse le geste immédiat, « qu'il dessine d'abord grossièrement les membres de ses figures et cherche avant tout *les mouvements appropriés aux états d'âme de ces personnages* ». La peinture est un langage visible, elle n'a de sens que par l'émotion qu'elle traduit et transmet. « L'attitude est la première et la plus noble partie de la peinture, ... telle bonté de figure se peut faire par imitation de la figure vivante, mais le mouvement doit naître d'une grande délicatesse d'esprit *(discreʒione d'ingegno)* ; la seconde partie en noblesse est l'art de montrer le relief ; la troisième, le beau dessin ; la quatrième, le beau coloris. » Aussi bien que personne, je sais que les préoccupations de Léonard, quand il fait du relief « le principal et l'âme de la peinture », diffèrent de celles de Carrière ; mais il n'en affirme pas moins que la couleur est l'accident, le volume l'essentiel, et que le vrai imitateur de la nature n'est pas celui qui copie les surfaces, mais celui qui construit les formes. « Ceux qui, avec de belles couleurs, font des ombres presque insensibles et négligent le relief, ressemblent à de beaux parleurs sans aucune pensée... *Qui fuit les ombres fuit la gloire de l'art auprès des nobles esprits,* et l'acquiert auprès du vulgaire ignorant qui ne demande rien aux peintures que la beauté des couleurs, et dédaigne tout à fait la beauté et merveille de montrer en relief la chose plane. » Dans le *Saint Jérôme* du Vatican, dans la prodigieuse esquisse de l'*Adoration des Mages* de Florence, préparations au brun, Léonard de Vinci a montré lui-même jusqu'où l'art de peindre peut aller dans la vérité et dans l'expression, par les simples rapports de la lumière et de l'ombre, sans le secours de la couleur.

A analyser ainsi la technique de Carrière, comme quelque chose de tout fait, on fausse la réalité. Les mots arrêtent le mouvement continu de l'esprit. Carrière n'est pas un théoricien, il ne tient pas la paradoxale gageure d'aller des formules mortes à des œuvres vives. Ses idées ne produisent pas ses œuvres, elles en naissent ; il agit avant de parler, il réfléchit ce qu'il voit et ce qu'il fait. Sa vie est un perpétuel entretien avec la nature, il ne veut être que son disciple, il ne veut inventer que ce qu'elle lui suggère. Il ne cesse pas de se découvrir lui-même, et il ne faut pas céder à l'illusion de renverser les termes logiques de son évolution et oublier que les admirables pages qu'il a écrites, d'une pensée si ramassée, d'une langue si pleine, sont, non pas un programme, mais le testament où, dans les dernières années, il résume son expérience de l'art et de la vie. Carrière est d'autant moins infaillible qu'il n'a pas fait de son métier une habitude approchée des certitudes de l'instinct. Il aborde chaque œuvre nouvelle dans l'émotion d'un recommencement, il s'y engage tout entier, il ne la sait pas d'avance, il en court le risque. Il lui arrive de se tromper, d'aller trop loin dans son sens, de laisser regretter ce qu'il néglige, de ne le point faire oublier par l'intérêt de ce qu'il montre. Même alors il n'est point indifférent. Ses erreurs, le plus souvent, ne sont que des vérités exagérées par la passion de l'instant où il les saisit d'une prise violente.

Assez d'œuvres d'une émouvante beauté justifient ce langage dont quelques-uns accusent la monotonie, dont il prouve la richesse et la variété en y trouvant une expression pour toutes les émotions humaines. Carrière, d'abord, est un grand portraitiste. Le portrait, chez lui, dépasse en un sens l'individu qu'il représente ; il prend l'intérêt d'une œuvre imaginée, quelque chose de général et de pathétique. En pénétrant la vie intérieure de l'être dont il fixe l'image, en allant au caractère, Carrière fait apparaître de l'individu non l'accident, le masque social, mais l'humanité même dans une combinaison originale de ses instincts éternels. Volontiers il rapproche les parents et l'enfant, reliant ses portraits à ses scènes de famille, montrant qu'ils sont pour lui non de banales effigies, mais de vivantes synthèses, et c'est ainsi qu'il a peint dans des œuvres inoubliables *Alphonse Daudet* (1890-1891), *Gabriel Séailles* (1893), *Arthur Fontaine* (1904), *M^{me} Caplain et sa petite fille* (1898), et cette *Famille* (1893), qui est au musée du Luxembourg, où les enfants et la mère, selon une idée qui lui est chère, se groupent et se composent dans l'unité d'une forme qui les contient, comme les organes d'un même être naturel. Les têtes qu'il a peintes, ses études au brun, sont sans nombre ; le masque tendu du peintre Berton, l'admirable Verlaine, Geffroy, Metchnikoff, Anatole France, Reclus, Picquart. Parfois il transpose ses bruns dans des lithographies, comme celles d'Ed. de Goncourt, de Rochefort, de Puvis de Chavannes, de Rodin, de

Verlaine, où il atteste une fois de plus, avec la souplesse et la variété de sa technique, son art de modeler une tête, dans son caractère et sa plastique, par l'ombre et la lumière.

Il continue son poème des gestes de l'enfance et de la maternité, et dans des œuvres magistrales il touche comme au sommet de lui-même, dans *le Sommeil* (1890), dans *la Maternité* (1892), du musée du Luxembourg, où il résume ce qu'il a voulu, ce qu'il a cherché, l'expression passionnée de la vie dans la construction sculpturale des formes qui la contiennent. Vers 1900, il se plaira à reprendre, dans une suite de petites études au brun, tous ces gestes de tendresse ingénue, qui rapprochent le bébé, la mère, les grandes sœurs, poèmes rapides, enlevés de verve, qui sont comme les jeux de son talent dans toute sa maîtrise.

*Le Théâtre de Belleville* (1894) a longtemps exercé ses méditations. Cette œuvre, que quelques-uns croient sommaire, pendant plusieurs années, est restée dans l'atelier à l'état d'esquisse, reprise, modifiée. Par une application hardie de ses principes, ce n'est plus un individu, un groupe, c'est la foule, que Carrière fait émerger de l'ombre, la reliant au milieu qu'elle anime, la montrant non dans chacun de ses éléments, mais telle qu'elle apparaîtrait soudain, dans son ensemble, toute à la fois, vue d'un regard, comme elle est parcourue d'un même sentiment qui, pour un instant, lui donne une même âme et en fait un grand être vivant. *Le Christ en croix* (1897), *la Décoration de la Sorbonne* (1898) sont peut-être les œuvres où Carrière a montré avec le plus d'évidence sa délicatesse à discerner et à graduer les valeurs dans les ombres.

Nul langage n'a porté plus loin la puissance expressive, nul n'a su concentrer plus d'émotion dans ses signes sensibles, y faire frémir plus de pitié, plus de tendresse humaine. Regardez seulement le tableau qui, comme tant d'autres, s'intitule *le Baiser maternel* (1899, appartient à M^me Chausson). La toile étroite et longue eût pu servir de volet au triptyque, qu'un instant Carrière rêva de faire avec son

Christ en croix. Elle rapproche dans un élan de désespoir et d'amour deux misérables êtres, la mère amaigrie, usée, humiliée par la vie, dont l'habitude de souffrir et de pleurer aurait dû flétrir et vider le cœur ; la fille anéantie, dans la stupeur de quelque attentat dont elle vient d'être la victime sans le comprendre. L'enfant s'effondre, se presse, s'appuie au corps de la mère pour ne pas tomber, se réfugie, se cache en lui, les bras abandonnés, les yeux clos pour ne rien voir ; et debout, la main sur les cheveux de l'enfant, la mère se penche et baise le pauvre visage. Le destin a pris à ces deux délaissées tout ce qu'il pourra leur ravir, il leur reste leur amour, et dans la défaillance de l'enfant, dans le geste de la mère, il y a l'infini d'une tendresse que rien n'épuisera, un immense trésor égal à cette immense désolation. Par la volonté de l'artiste, ces pauvres gens, misérablement vêtus, dont l'humble souffrance, répétée en des milliers d'âmes, a la banalité d'un phénomène naturel, prennent la noblesse d'un symbole où s'exprime cette haute vérité qu'il n'est douleur si grande qui ne puisse trouver sa compensation dans un amour qui la dépasse de son infinité. Quand on a relevé l'éloquence du geste, la beauté des modelés, l'art avec lequel l'œil est conduit des ombres aux lumières par un mouvement qui l'élève du demi-silence des choses aux accents douloureux des visages, il faut ajouter que cette technique, qui donne à l'œuvre son charme matériel, a son principe dans la sensibilité profonde qui en fait la beauté spirituelle. Je ne sais pas dans la peinture d'œuvre plus poignante et qui mène plus près des larmes. Je songe à ces andantes des quatuors de Beethoven, où la douleur, pliée aux lois de l'harmonie, en se déroulant, s'élève, se purifie, se console, se révèle si intimement liée à l'amour qu'elle nous devient plus chère que la joie.

Par une sympathie, qu'affine sa perpétuelle observation des signes sensibles, Carrière de plus en plus entend le langage des choses, y retrouve l'expression d'une même pensée. Rien dans la nature ne le laisse étranger, et, dans la langue profondément réaliste qu'il s'est créée, il n'est aucune réalité qu'il ne prétende traduire. Sur les bords de la Marne, en Bretagne, dans les Pyrénées, il ose des paysages sans couleur, où il nous apprend pour combien la beauté de la lumière entre dans la beauté du monde. Dès longtemps, il s'est convaincu qu'entre toutes les formes existent des analogies mystérieuses. Elles lui apparaissent comme les idées d'un même esprit qui se joue en elles sans s'y perdre jamais, et dont les lois, toujours observées, se retrouvent dans les lois de notre pensée, clarté suprême vers laquelle gravite et monte cette grande ombre, qui n'est pénétrable à la conscience que parce que déjà elle est lumière et déjà conscience. Il regarde la face de la terre du même œil dont il regarde un visage humain. Il aime les harmonies du ciel et des eaux, il en fait sentir le charme par un accord de valeurs délicates et chantantes ; mais, pas plus qu'il ne voit dans une tête une surface colorée, il ne voit un paysage comme un voile peint. Ici encore il s'attache à définir les volumes et les masses, qui font sentir l'ossature sous l'épiderme et tous les siècles écoulés dans la minute présente : « la terre projette au dehors des formes apparentes, images, statues qui nous pénètrent du sens de sa vie intérieure ». Il aime les beaux reliefs des Pyrénées, il sait rendre l'aspect grave et désolé de la dure vallée, ceinte de montagnes, où le Gave en serpentant creuse son chemin ; et la rivière, qui réfléchit le ciel, coule entre ses rives ombreuses, avec la grâce du sourire qui entr'ouvre des lèvres humaines.

Carrière aimait la décoration, qui donne de larges surfaces à couvrir et doit relier l'art à la vie collective. Il pensait que son langage, par sa sobriété même, était propre aux harmonies discrètes qui accordent l'élément pittoresque à l'élément architectural. Il avait eu l'occasion de peindre, à l'Hôtel de Ville, sur douze écoinçons qu'on lui avait confiés, de belles figures de femmes symbolisant les Sciences (1891). Il accepta, pour réaliser un désir ancien, la décoration d'une salle de mairie. Parmi les grands panneaux, peints à cette occasion, qui ont occupé ses dernières années — et dont celui qu'il ébauchait, quand le pinceau tomba de ses mains, est une si magistrale esquisse — il en est un, le panneau des *Mères*, qui montre à quel charme intellectuel et sensible peut atteindre son langage dans sa simplification volontaire. Selon son vœu, les personnages se situent dans un milieu qui conspire à leurs sentiments, calme paysage, au terrain vallonné, où le ciel visible à travers les arbres qui le parent, se réfléchit çà et là dans des eaux transparentes. Debout, la toute jeune mère de ses deux bras soutient le tout petit enfant, le presse doucement sur son sein, appuie le cher visage à son visage, et, dans un émoi, où se mêlent la tendresse, la fierté, l'étonnement, le montre à la grande et svelte jeune fille qui, la main à la hanche, tige flexible où déjà la fleur s'entr'ouvre, penche son pur profil, tandis que la petite sœur inquiète semble vouloir la retenir dans l'élan qui la porte vers ses propres destinées. L'œuvre est conçue, exécutée toute à la fois ; le groupe se marie au paysage qui l'encadre, rien ne se sépare, ne s'isole ; tout entre dans l'unité d'une même vision qui saisit la scène dans la surprise de sa première apparition, et les harmonies très douces, qui varient un thème fondamental, ont comme la continuité d'un chant dont les modulations se prolongent jusqu'à remplir l'âme toute entière de l'émotion qui s'y répand.

V

Carrière ne comprend la vie que comme un perpétuel effort pour se savoir et pour se faire, pour s'agrandir en se rattachant par des liens plus intimes aux autres hommes et à la nature, dont ne nous sépare que l'illusion d'un égoïsme qui nous cache à nous-mêmes. Après 1900, après le beau panneau des *Mères*, une fois encore il fait un pas dans ce qu'il appelle la découverte de lui-même. Son progrès toujours a été continu, sans brusque écart, et des dernières œuvres qu'il peint à celles qui les précèdent la transition est moins sensible que celle qui menait des claires figures du début aux groupes enfoncés dans l'ombre dont ils émergent. Mais il veut plus fortement certaines choses qu'il a déjà voulues, il s'éprend plus que jamais de ce qu'il y a de solide, de permanent dans les formes, des belles substructures osseuses, dont la logique l'enchante. Il modèle hardiment, avec une sorte d'âpreté, il souligne d'accents précis les reliefs et les creux, il fait saillir et rentrer les plans dont les rapports définissent la forme dans sa masse et son volume. Au Salon de 1902, pour affirmer ses intentions nouvelles, il montrait six études de la même tête de femme, présentée dans des attitudes diverses. Le front relié à la saillie de l'arcade sourcillière se bâtit dans la lumière, l'orbite se creuse dans l'ombre, une tache lumineuse marque l'arête du nez, les pommettes, l'os du menton arrêtent la clarté et sont comme projetés par les plans d'ombres qui les limitent. Les modelés résistent, se touchent autant qu'ils se voient : « Carrière aussi est sculpteur » (Rodin). Sur cela, n'imaginez pas un procédé uniforme, Carrière est l'homme qui ne se répète pas. Ceux qui parlent de monotonie, de redite, sont ceux qui sont incapables de discerner les nuances : sa technique n'est pas une routine, elle est une méthode.

Mais le prodige de cette peinture plastique, c'est qu'en négligeant ce qu'on serait tenté de prendre pour les signes mêmes de l'émotion, les muscles légers qui varient la physionomie, l'éclat tendre ou grave du regard, elle exalte jusqu'au tragique le sentiment de la vie, en modelant comme du dedans au dehors la forme sculpturale qu'édifie la projection même du sentiment dans la matière frémissante qu'il anime. Ainsi, au terme, Carrière achève la découverte de lui-même : il concilie les besoins de son cœur passionné et les exigences de sa lucide raison dans sa technique définitive qui fait sortir l'éloquence de l'expression de la construction même des formes. *Le Baiser du soir* est peut-être le chef-d'œuvre de cette dernière manière ; il est peint de verve, dans l'ardeur de l'invention, sans une réticence, sans un repentir. Le groupe se compose magnifiquement ; tous ces êtres dont les volumes se relient sont taillés comme dans un même bloc. Singulièrement lasse, épuisée de tout ce qu'elle a donné, de toute cette vie qui sortie d'elle revient vers elle, comme les branches au tronc qui les nourrit, la mère est le centre où tout converge et d'où tout rayonne : la petite fille endormie contre son épaule dans un mol abandon, par le tout petit en longue chemise blanche suspendu à son sein, rejoint le garçon impétueux qui l'embrasse, tandis que la grande sœur, penchée sur lui, dans un beau geste de grâce naïve, relève ses cheveux et regarde. L'artiste semble, prestigieux sculpteur, avoir modelé directement la lumière et l'ombre, matière subtile qui, dans ses condensations, garde sa fluidité et suit les frémissements de la vie. On n'aperçoit pas la couleur des yeux, le détail des traits, tout s'indique par plans, se réduit à l'essentiel, et cependant chacun de ces êtres a sa physionomie, son caractère, et de leur rapprochement se compose un être réel et symbolique qui élève jusqu'à l'héroïsme l'émotion humaine.

Mais déjà Carrière est sous le coup du mal impitoyable qui devait l'emporter. On sait avec quel courage simple et tranquille il supporta l'épreuve. Il ne s'étonne ni ne s'indigne de la mort qui, elle aussi, est dans la logique de la nature. Son approche n'est qu'une raison de remplir le temps qui reste de sages pensées et d'actions bienfaisantes. « Si le destin a conclu sur mon œuvre, je me résigne, comme tout homme doit le faire. Si non, je ferai mon possible pour mériter le délai qui me sera accordé. » Quand la galère sacrée rentre de Délos dans le port d'Athènes et annonce que les délais sont expirés, Socrate veut que son dernier jour ressemble à toute sa vie, et il convie ses amis à un suprême entretien, où il leur partage ses plus hautes pensées et ses plus belles espérances. Durant les trois années de répit que lui donna une première opération, Carrière résista à l'obsession des images déprimantes et se maintint par un héroïque vouloir dans le monde de son action et de son rêve.

Il met l'autorité morale qu'il a conquise au service de toutes les causes généreuses. Il prend volontiers la parole, et il parle dans une très belle langue, où la pensée se condense et soudain s'éclaire, où les abstractions comme les images trahissent sa merveilleuse intuition des correspondances qui, pour lui, mettent en tout quelque chose de fraternel. Il parle pour dire ce qu'il a découvert, ce que lui ont appris son art et la vie, pour donner, sous cette forme nouvelle, quelque chose de lui-même à tous. La force morale qu'il trouve dans la philosophie qu'il s'est créée de son expérience le rassure et lui donne la confiance que d'autres y trouveront ce qu'il y trouve, le courage d'agir jusqu'au bout dans la résignation au nécessaire. Il apporte, mieux que ses conseils, son exemple, l'exemple d'un homme qui, dans la gloire, garde la vraie modestie, la conscience de son rapport aux plus humbles esprits, qui se respecte lui-même et son œuvre, et qui, sous la charge d'un poids écrasant, continue, de son pas d'homme robuste, son ascension vers les sommets, en faisant signe aux autres. Au Museum, dans une conférence d'une admirable poésie, il révèle le secret de ses dernières recherches. Il a des cris d'enthousiasme et des mots tendres, caressants, devant ces squelettes, sculptures savantes, où il voit la continuité d'une pensée obéissant à une même loi de logique et de beauté, dont la découverte nous révèle la loi même de notre raison. Sa philosophie n'est que son art même, ses idées sont ses actions devenues conscientes d'elles-mêmes ; elles naissent de ses œuvres et s'y réalisent, sans qu'il soit toujours possible de marquer l'antériorité des unes sur les autres.

Jusqu'à la fin, il travaille, et sans relâche. Il poursuit sa grande œuvre décorative, il peint les portraits d'Arthur Fontaine et de sa fille, de la famille Gorodichze, de M<sup>me</sup> Ménard-Dorian, et, par un touchant retour en arrière, le portrait de Devillez et de sa mère, sa dernière maternité : la mère, à l'extrême de la vieillesse, de ses mains tâtonnantes cherche et presse la main de l'homme déjà bien avancé sur le chemin de

la vie, mais qui, par une habitude toujours continuée, reste
pour elle l'enfant, celui qu'on apaise, qu'on console et qu'on
aime. A voir cette fécondité, cette énergie dans l'action,
nous voulions croire qu'il avait triomphé du mal. Son heure
était venue. L'agonie dura trois mois : ce sont des souvenirs
qu'on enferme au plus profond de soi-même, pour ne les
évoquer qu'aux heures tragiques, où il conviendrait de ne
point oublier qu'il n'y a pas de souffrances que l'homme ne
puisse transfigurer et ennoblir.

## VI

« Pour louer dignement une grande œuvre, disait
Anatole France au banquet d'Eugène Carrière, il faut s'y
prendre simplement et égaler, s'il est possible, le naturel de
l'expression au naturel de la pensée. » Je m'y suis efforcé.
Toute emphase est mensonge. J'espère être resté fidèle à
l'esprit de mesure et de sincérité qui fut une des vertus de
notre ami, et j'aime à penser que, s'il pouvait lire ces pages,
il pourrait redire ce qu'il m'écrivait jadis : « Ce n'est pas
sans une certaine appréhension que j'allais me trouver en
face d'un autre moi, à travers votre douce et vaillante amitié.
Cette rencontre promise m'effarouchait un peu. Mais, dès
les premières lignes, j'ai perdu ma timide modestie et je
vous ai suivi entrant en moi-même. J'aime, cher ami, que,
dans une langue simple et vraie, on dise ce que l'on ressent
fortement : décrire un être comme un paysage, non avec la
fougueuse imprudence des touristes novices, mais avec la
sincérité des émotions éprouvées. »

Toute mon ambition serait d'avoir aidé à l'intelligence
d'une œuvre qui, fidèle aux grandes traditions, ajoute quelque
chose à la peinture et enrichit son langage de nuances
nouvelles. Comme tous les grands artistes, Carrière, en
éprouvant avec ingénuité les sentiments éternels, les rajeunit
en son âme et en renouvelle l'expression. Il nous rend ce que
nous possédons, en nous montrant ce que nous ne savons pas

voir. « Comme nous usons nos plus chères parures, ainsi nous deviennent étrangères, par un usage que l'attention n'accompagne plus, les paroles les plus belles, et nous nous déclarons sans foi, lorsque le verbe antique ne nous émeut plus. Reconnaissons donc aux artistes cette mission d'initiateurs aux vérités permanentes : car c'est l'art aussi, et peut-être surtout, — puisque cette expression des sentiments ne peut se soustraire à la nature, — c'est l'art qui renouvelle le verbe en découvrant toujours à nouveau les origines de nos émotions. »

Le progrès de sa technique n'est que le progrès de son esprit. Le travail lui apprend de mieux en mieux ce qu'il est, en lui apprenant de mieux en mieux ce qu'il cherche. D'un mouvement tout à la fois spontané et réfléchi, qui n'est que l'évolution de sa nature même vers l'accord des éléments complexes qu'elle enveloppe, il va vers le simple, vers l'essentiel, de plus en plus il s'éprend, au delà des apparences, des gestes synthétiques de l'instinct, où se résume toute la mimique d'un sentiment, et de la logique profonde qui préside à l'architecture des formes vivantes. Le prodige de son art est l'invention de ce langage simplifié, généralisateur, qui semblerait devoir atténuer l'expression passionnelle et qui l'exalte. Ce qu'il aime dans le squelette, c'est la vie qu'il y voit, c'est « la souplesse du mouvement » qu'il y pressent. « L'esprit qui poursuit cette logique toute matérielle est frappé de l'expression de vitalité qui s'en dégage, et rapidement le squelette donne l'illusion de la vie et du mouvement disparus. »

Carrière n'est point un peintre littéraire et philosophe qui habille froidement des dissertations de vêtements mal cousus. Il sait que toute création de beauté se fait dans une sorte d'enthousiasme. « L'esprit de découverte est une force de la nature. Nous ne pouvons rien, si le dieu ne nous agite pas. Il n'y a pas de chefs-d'œuvre obtenus malgré lui ou sans lui. Les cahiers de pénitence des hommes les plus illustres ne manifestent que leur ennui. La véritable œuvre de l'artiste, étude ou autre, doit être toute de joie. » (Lettre à M. Ch. Morice.) Peintre, il reste dans le concret, il fait effort pour y pénétrer toujours plus avant, il aime ce qui a poids, volume et durée. Sa philosophie n'est que son expérience d'artiste, réfléchie et résumée en synthèses hardies. Il ne déduit pas ce qu'il appelle la logique des choses, il la voit. Habitué à interroger la nature et à entendre ses réponses, à trouver dans les lignes et dans leurs rapports, dans les volumes et dans les proportions, dans les clartés et les ombres, les signes de sa propre pensée, il ne peut douter que ces signes ne soient le langage d'un grand esprit fraternel, dont la logique répond à sa raison, et la beauté à son sentiment. Si la nature lui parle, n'est-ce point qu'elle pense? Pour l'artiste, la nature ne saurait être une chose morte, un mécanisme aveugle, elle est la grande éducatrice qui sait tout ce qu'elle enseigne, la grande passionnée qu'agitent toutes les passions qu'elle inspire et qu'elle exprime.

Abordons cette grande œuvre avec respect, surtout avec intelligence. Laissons tomber les vaines objections, cherchons à pénétrer ce qu'elle veut être et ce qu'elle est, au lieu de regretter qu'elle ne soit point précisément ce qu'elle n'est pas, l'œuvre de n'importe qui, l'image de notre propre banalité. L'art est dans la nature le choix d'un esprit. Regardons ces tableaux sans parti pris, et nous ne serons plus tentés de parler de vagues apparitions, de fantômes animiques. Les fantaisies morbides n'étaient pas pour séduire cet homme d'esprit lucide, d'énergique volonté, épris de toute justesse et de toute santé.

Mais nous ne voyons pas la nature ainsi, nous ne voyons pas le spectacle des choses, réduit à une lutte de clartés et d'ombres. — Si la peinture est un langage par l'imitation, considérez qu'elle est un langage et qu'à ce titre elle autorise des transpositions, que justifie leur valeur expressive. Consentez à emprunter l'œil d'un homme qui, sachant voir ce que vous ne voyez pas, vous enrichira d'émotions nouvelles. — Mais supprimer les colorations, n'est-ce pas arracher à la nature sa robe de fête, la mettre en deuil ? Cette peinture triste ne semble faite que pour l'expression de la douleur et la calomnie de la vie. — Qu'en savez-vous, si vous n'avez pas pris la peine de la regarder et d'en jouir. Il y a plus d'une manière d'éprouver la joie et de la dire. Vous irez voir demain ceux qu'elle fait chanter, vous apprendrez aujourd'hui qu'elle n'est pas moins profonde chez ceux qu'elle fait se recueillir. Carrière n'est pas un pessimiste, ceux qui l'ont connu, surtout dans sa jeunesse, savent ce qu'il y avait en lui de franche gaieté, de bon accueil aux êtres et aux choses, et la clarté de son sourire. Carrière est un optimiste, parce qu'il est un vaillant, et que dans le mal il voit d'abord une occasion d'agir, donc une nouvelle raison d'aimer et de vivre. Il n'a point humilié la vie ; il y a dans son œuvre le sourire de l'enfance, l'héroïsme de la jeunesse, la beauté des hautes pensées, le trésor des tendresses et des énergies qui peut égaler les consolations à toutes les douleurs. Mais il sait les surprises du destin, l'inexorable mémoire des mères, et que toute émotion qui gonfle leur cœur y ramène une goutte du sang de la blessure ancienne. Son réalisme ou sa sincérité, ici comme dans sa technique, l'amène à rendre la vie, non dans le mensonge des apparences, mais telle qu'elle est, dans son intégrité, avec ce qu'elle comporte de grave, de sérieux, de tragique même en certaines âmes. La vie est mieux que gaie, la douleur entre dans ses harmonies. Comme toute chose, la douleur n'est point en elle-même, mais par ses rapports, par les sentiments qu'elle suscite en nous, par ce qu'elle nous apprend de notre être véritable, par la patience ou la vaine colère, par l'énergie ou par le lâche abandon, et Carrière a montré jusqu'où elle peut s'élever, quelle forme supérieure de vie elle peut devenir, en en faisant sortir l'héroïsme de ses dernières années.

Carrière a voulu être un artiste et rien qu'un artiste. Il était convaincu qu'il est dangereux de se disperser et de courir les aventures, que la vérité, qui s'aperçoit de divers points de vue, s'atteint pour chacun en approfondissant sa propre expérience, en démêlant peu à peu, à force d'y insister, toutes les relations qu'elle implique. « Où Vinci et Michel-Ange avaient-ils acquis la possession de cette merveilleuse intelligence, si ce n'est en croyant, tout enfants, qu'ils ne s'instruisaient que dans leur art ? C'est en le pratiquant qu'ils ont senti que rien ne leur était étranger et que tout leur était indispensable... En s'instruisant sur leur profession, toutes les formes de la pensée se révélaient ; toute découverte sur leur art leur apportait une vérité nouvelle de la nature ; les lois de l'unité leur apparaissaient successivement, et bientôt ils avaient conscience qu'on devait s'occuper de toutes choses, sachant qu'il n'en est qu'une essentielle qui les contient toutes ». Ce rappel des maîtres d'autrefois est une confidence. Carrière a nourri son esprit de son art ; il lui a dû sa conception des choses et de la vie. Dans sa physionomie originale, il a la valeur d'un type ; Carlyle l'eût accueilli au nombre de ceux qu'il appelle les héros, je veux dire au nombre de ces grands individus qui remplissent pleinement une des idées possibles de l'homme.

Le plus bel éloge ne peut être ici que la vérité ; toute parole excessive prendrait quelque chose d'injurieux. Dans l'horreur du panégyrique, puissé-je, en cette étude, avoir seulement montré que le génie de Carrière, équilibre, ou mieux harmonie voulue d'une nature forte et passionnée, se compose d'éléments très purs et des vertus mêmes qui ont ennobli sa vie, de son perpétuel effort pour se créer lui-même, de sa sincérité et de sa vaillance, de sa tendresse infinie et de sa haute raison.

Gabriel SÉAILLES.

Barbizon, Pâques 1907.

# AVERTISSEMENT

*Faute de renseignements suffisants, on a dû, pour les dates portées au catalogue des peintures, se contenter assez souvent d'indications ou approximatives ou probables seulement et sujettes à correction.*

*Dans l'ensemble, toutefois, l'ordre chronologique des ouvrages est restitué.*

*Le catalogue des œuvres peintes a été distribué en plusieurs sections, suivant la nature des sujets :*

Scènes de la vie familiale, Maternités, Études d'enfants et de jeunes filles ; — Portraits ; — Têtes d'étude diverses ; — Figures nues ; — Compositions décoratives et sujets divers ; — Paysages ; — Natures mortes.

*Dans chaque section, on suit l'ordre chronologique.*

[illegible]
[illegible]
[illegible]

[illegible]
[illegible]

[illegible]
[illegible]
[illegible]

[illegible]
[illegible]
[illegible]

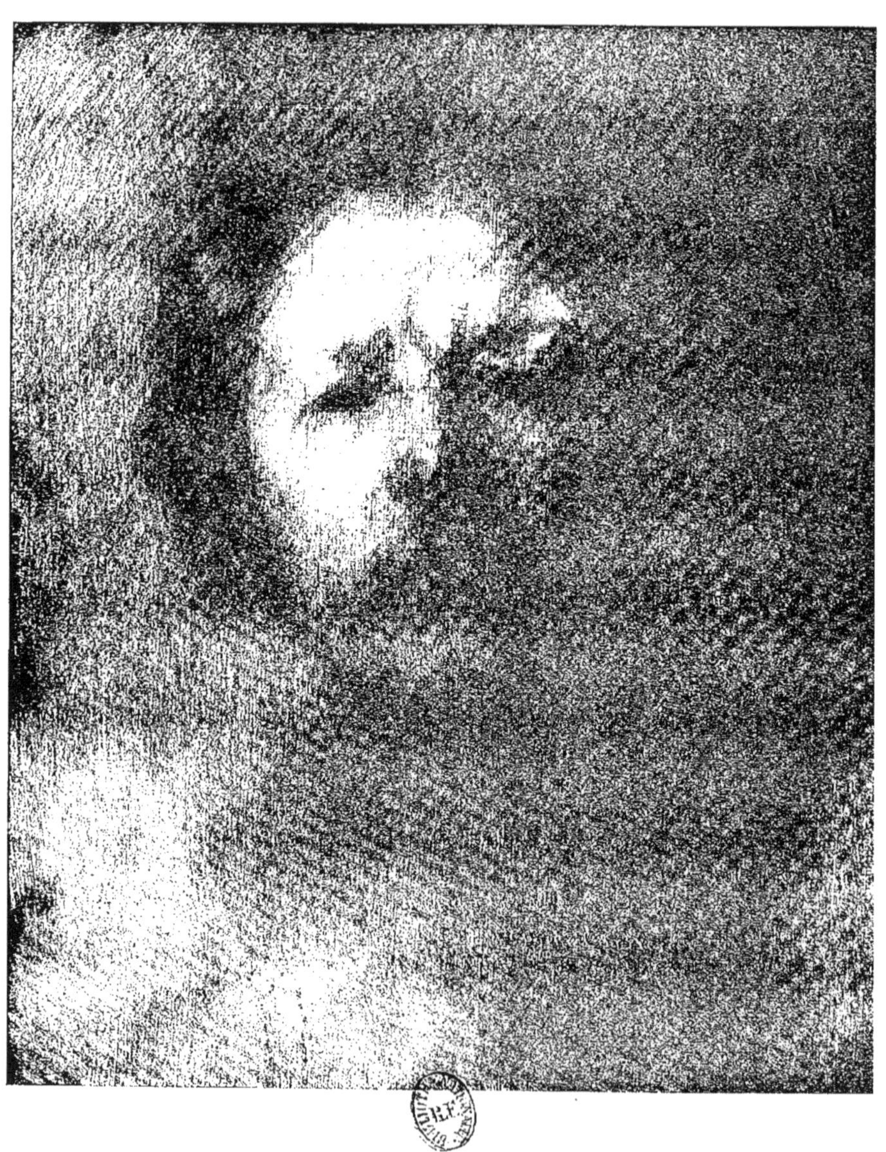

PORTRAIT d'EUGÈNE CARRIÈRE (1900?)

# PEINTURES

# SCENES DE LA VIE FAMILIALE
## MATERNITÉS
## ÉTUDES D'ENFANTS & DE JEUNES FILLES

1 — Le Baiser (1882).

> Appartient à M^me J. Courtier-Dartigue.

2 — L'Enfant au bock (1882).

> Appartient à M^me Eugène Carrière.

3 — La Lecture (vers 1882).

> Appartient à M^me Eugène Carrière.

4 — Petite fille en robe de soie grise (1884).

> Appartient à M. Lacarrière.

5 — Tête de fillette (1884).

> Appartient à M. Pontremoli.

6 — L'Enfant aux mains croisées [Marguerite] (1884).

*Salon de 1884.*

> Appartient à M. Jean Dolent.

7 — Tête de fillette (vers 1884).

> Appartient à M. Roger Marx.

8 — Profil d'enfant [Léon Carrière] (vers 1884).

> Appartient à M^me Eugène Carrière.

9 — Enfant à la bavette [Marguerite] (1885).

> Appartient à M^me Montagne-Devillez.

10 — La Toilette de l'enfant (1885).

> Appartient à M^me Eugène Carrière.

11 — Enfant à la pomme (vers 1885).

> Appartient à M. Dézerville.

12 — Élise au chapeau blanc (vers 1885).

> Appartient à M. Jules Strauss.

13 — L'Enfant malade (1885).

> *Salon de 1885, médaille de 3^e classe.*

> Appartient au musée de Montargis.

14 — Le Premier voile (1886).

> *Salon de 1886.*

> Appartient au musée de Toulon.

15 — L'Enfant au plateau (1886).

> Appartient à M^me Montagne-Devillez.

16 — Enfant à la collerette [Marguerite] (1886).

> Appartient à M^me Camion.

17 — Élise au chien (1886).

> Appartient à M. Manchon.

18 — Portrait d'enfant au nœud rose (1886).

> Appartient à M. Dézeuille.

19 — Écolière écrivant (1886).

> Appartient à M. L. Manchon.

20 — Masque de fillette (1886 ou 1887).

> Appartient à M. Roger Marx.

21 — Tête d'enfant (1887).

> Appartient à M^me Montagne-Devillez.

22 — Écolière écrivant [Marguerite] (1887).

> Appartient à M<sup>me</sup> Montagne-Devillez.

23 — L'Enfant aux géraniums, dit aussi l'Enfant aux œillets (1887).

> Appartient à M. P. Gallimard.

24 — Élise à la fleur dans les cheveux (1887).

> Appartient à M<sup>me</sup> Montagne-Devillez.

25 — L'Écolière aux fleurs (vers 1887).

> Appartient à M. Jean Dolent.

26 — La Veillée (vers 1887).

> Appartient à M. Arthur Fontaine.

27 — L'Enfant à la poupée (188...).

> Appartient à M<sup>me</sup> Alphonse Daudet.

28 — Mère allaitant son enfant (1887).

> Appartient à M<sup>me</sup> Montagne-Devillez.

29 — Jeune mère allaitant (1887).

> Appartient à M<sup>me</sup> Montagne-Devillez.

30 — La Couseuse (vers 1887).

> Appartient à M. Jean Dolent.

31 — Après l'allaitement (vers 1887).

> Appartient à M<sup>me</sup> Montagne-Devillez.

32 — L'Enfant malade (1888).

> Appartient à M. Paul Gallimard.

33 — L'Enfant malade (1888 ?).

> Appartient à M. Georges Hœntschel.

34 — Élise riant (vers 1888).

Appartient à M. Jean Dolent.

35 — L'Enfant à l'assiette (vers 1888).

Appartient à M. Jean Dolent.

36 — La Timbale [Maternité] (vers 1888).

Appartient à M^me Arbelot.

37 — Jeune fille se coiffant (1888).

Appartient à M. Manzi.

38 — Intimité (1888 ou 1889).

*Exposition Décennale, 1900.*

Appartient au Musée du Louvre
(donation Moreau-Nélaton).

39 — Enfant au nœud bleu [René] (vers 1889).

Appartient à M. Pontremoli.

40 — Lisbeth souriant (vers 1889).

Appartient à M^me Montagne-Devillez.

41 — Le Cahier (1890).

*Salon de la Société Nationale des Beaux-Arts, 1890.*

Appartient à M. Grunbaum.

42 — Tendresse (1890).

*Salon de la Société Nationale des Beaux-Arts, 1890.*

Appartient à M. de Lagotellerie.

42 *bis* — Sommeil (vers 1890).

Appartient à M^me J. Taigny.

43 — Maternité. Étude pour le tableau du Musée du
Luxembourg (vers 1891).

Appartient à M. Paul Gallimard.

44 — Mère embrassant son enfant. Étude pour la *Maternité* du Musée du Luxembourg (vers 1892).

Appartient à M<sup>me</sup> Montagne-Devillez.

45 — Maternité (1892).

*Salon de la Société Nationale des Beaux-Arts, 1892.*

Appartient au Musée National du Luxembourg.

46 — Enfant à la robe rouge (vers 1892).

Appartient à M. Jean-René Carrière.

47 — Le Cheval de bois (vers 1892).

Appartient à MM. Bernheim Jeune.

48 — Demi-sourire [Élise] (vers 1892).

Appartient à M. Maurice Hamel.

49 — Jeune fille à la rose (1893).

Appartient à M. Georges Hœntschel.

50 — L'Enfant malade (1893).

Appartient à M<sup>me</sup> Montagne-Devillez.

51 — Jeune fille aux cheveux sur l'épaule [Marguerite] (vers 1894).

Appartient à M<sup>me</sup> Eugène Carrière.

52 — Fillette au lit (1894 ?).

Appartient à M. Auguste Rodin.

53 — Mère et enfant. Caresses (vers 1894).

Appartient à M. P. Caplain.

54 — La Grande sœur (vers 1894).

*Vente de l'atelier Carrière, 1906.*

Appartient à M. G. Hœntschel.

55 — Femme au corset (vers 1898).

Appartient à M<sup>lle</sup> Arsène Carrière.

56 — Mère et enfant. Étude pour le panneau décoratif de la Sorbonne (vers 1898).

Appartient à M. Pontremoli.

57 — Le Baiser maternel (1898-1899).

*Exposition de la Société Nouvelle, 1906.*

Appartient à M<sup>me</sup> Chausson.

« SCÈNES MATERNELLES »

58 — L'Allaitement, scène maternelle (1900).

Appartient à la famille Carrière.

59 — La Tétée, scène maternelle (1900).

Appartient à la famille Carrière.

60 — L'Enfant bercé, scène maternelle (1900).

Appartient à la famille Carrière.

61 — Dans les bras, scène maternelle (1900).

Appartient à M. Georges Hœntschel.

62 — Dans les bras, scène maternelle (1900).

Appartient à la famille Carrière.

63 — L'Orgueil maternel, scène maternelle (1900).

Appartient à la famille Carrière.

64 — Les Petits pieds, scène maternelle (1900).

Appartient à la famille Carrière.

65 — Baiser sur la nuque, scène maternelle (1900).

Appartient à M<sup>lle</sup> Arsene Carrière.

66 — Baiser sur la nuque, scène maternelle (1900).

Appartient à la famille Carrière.

67 — Baiser sur les cheveux, scène maternelle (1900).

Appartient à M. Georges Hœntschel.

68 — La Bouillie, scène maternelle (1900).

Appartient à Mme Delvolvé-Carrière.

69 — Le Petit doigt, scène maternelle (1900).

Appartient à la famille Carrière.

70 — Caresses, scène maternelle (1900).

Appartient à la famille Carrière.

71 — Caresse, scène maternelle (1900).

Appartient à la famille Carrière.

72 — La Caresse à la grande sœur, scène maternelle (1900).

Appartient à la famille Carrière.

73 — La Causette, scène maternelle (1900).

Appartient à la famille Carrière.

74 — Le Hochet, scène maternelle (1900).

Appartient à la famille Carrière.

75 — La Danse, scène maternelle (1900).

Appartient à la famille Carrière.

76 — « Voir et Comprendre », scène maternelle (1900).

Appartenant à Mlle Arsène Carrière.

77 — Le Premier élan, scène maternelle (1900).

Appartient à M. Henri Duhem.

78 — Le Premier dialogue, scène maternelle (1900).

*Vente de l'atelier Eugène Carrière, 1906.*

Appartient à M. G. Viaud.

---

79 — Source de vie [ou « le Baiser du soir »] (1901).

*Exposé au Salon
de la Société Nationale des Beaux-Arts, 1901
sous le titre :* Baiser du soir.

Appartient à M. Grunbaum.

80 — Mère et enfant (vers 1902).

Appartient à M. Auguste Rodin.

81 — Intimité (1903).

*Exposition Universelle de Saint-Louis, 1904.
Exposition Internationale des Beaux-Arts de Munich, 1905.
Exposition de la Société Nationale des Beaux-Arts
(salle Carrière), 1906.*

Appartient à M<sup>me</sup> Montagne-Devillez.

82 — Mère et enfant (1903).

*Salon d'Automne, 1903.*

Appartient au Musée des Beaux-Arts de la Ville de Paris.

83 — Le Baiser de la paix (1903).

Appartient à M<sup>me</sup> Nelly Choublier-Carrière.

84 — Maternité (1904).

*Salon d'Automne, 1904.*

Appartient à M. le D<sup>r</sup> J.-L. Faure.

85 — Jeune mère [M<sup>me</sup> D. C. et sa fille] (1904).

Appartient à M<sup>me</sup> Delvolvé-Carrière.

86 — Tendresse (1905).

*Salon d'Automne, 1905.*

Toile offerte par un groupe d'amateurs
au Musée National du Luxembourg.

# PORTRAITS

87 — Le Grand'père (vers 1882).

> Appartient à M<sup>me</sup> Eugène Carrière.

88 — Deux amis. Enfant au chien (1884).

> *Salon de 1884.*
>
> Appartient à M<sup>me</sup> J. Courtier-Dartigues.

89 — Portrait de M. Roger Marx (1885).

> Appartient à M. Roger Marx.

90 — Marcel [portrait de jeune garçon au caniche noir] (1886).

> *Salon de 1886.*
> *Exposition Universelle de 1889.*
>
> Appartient à M. Lacarrière.

91 — Portrait de M. Louis-Henri Devillez (1887).

> *Salon de 1887, médaille de 2<sup>e</sup> classe.*
> *Exposition Centennale, 1900.*
>
> Appartient à M<sup>me</sup> Montagne-Devillez.

92 — Portrait d'Eugène Carrière (1887).

> Appartient à M. Jean Dolent.

93 — Portrait de M. Jean Dolent et de sa fille (1888).

> *Salon de 1888.*
>
> Appartient à M. Jean Dolent.

94 — Portrait de M<sup>me</sup> D... (1888).

> Appartient à M<sup>me</sup> H. Dumont.

95 — Portrait de M. G...

Appartient à M. Grunbaum.

96 — Portrait de M. Portant (vers 188...).

Appartient à M. M. Stiegelman.

97 — Portrait de M. C. de V... (1886).

Appartient à M. C. de Vercy.

98 — Portrait d'Eugène Carrière (1889).

Appartient à M. Manzi.

99 — Portrait des enfants de M. F. J... (1889).

Appartient à M. Frantz-Jourdain.

100 — Portrait d'Alphonse Daudet (1890).

Appartient à M. Peytel.

101 — Portrait d'Alphonse Daudet et de sa fille (1891).

*Salon de la Société Nationale des Beaux-Arts, 1891.*

Appartient à M<sup>me</sup> Alphonse Daudet.

102 — Portrait de Paul Verlaine (1891).

*Salon de la Société Nationale des Beaux-Arts, 1891.*
*Exposition Décennale, 1900.*

Appartient à M. Jean Dolent.

103 — Portrait d'Edmond de Goncourt (juin 1892).

Appartient à M. Roger Marx.

104 — La Famille du peintre (1893).

*Exposé au Salon de la Société Nationale des Beaux-Arts,
en 1893, sous le titre :* Portraits.

Appartient au Musée National du Luxembourg.

105 — Portraits de M. Gabriel Séailles et de sa fille (1893).

*Salon de la Société Nationale des Beaux-Arts, 1890.*
*Exposition Décennale, 1900.*

Appartient à M. Gabriel Séailles.

106 — Portrait de M^{lle} M. D... (1893).

*Salon de la Société Nationale des Beaux-Arts, 1893.*
*Exposition Décennale, 1900.*

Appartient à M^{me} Ménard-Dorian.

107 — Portrait de M. Charles Morice (1893).

*Salon de la Société Nationale des Beaux-Arts, 1893.*

Appartient à M. Roger Marx.

108 — Portrait de M. Maurice Hamel (vers 1894).

Appartient à M. Maurice Hamel.

109 — Portrait d'Edmond de Goncourt (vers 1894).

Appartient à M^{lle} Arsène Carrière.

110 — Portrait d'Edmond de Goncourt (vers 1894).

Appartient à M. Jules Strauss.

111 — Portrait d'Edmond de Goncourt (vers 1894).

*Vente de l'atelier Carrière, 1906.*

Appartient à M. Albert Besnard.

112 — Portrait d'Edmond de Goncourt (1895).

Appartient à la famille Carrière.

113 — Portrait de M. Henri Rochefort.

Appartient à M. Henri Rochefort.

114 — Portrait de M. Gustave Geffroy.

Appartient à M. Gustave Geffroy.

115 — Portrait d'Eugène Carrière.

Appartient à M^{me} Delvolvé-Carrière.

116 — Portrait de M<sup>me</sup> Arthur F... (vers 1895).

> Appartient à M. Arthur Fontaine.

117 — Portrait de Lucie enfant (vers 1895).

> Appartient à M<sup>me</sup> Eugène Carrière.

118 — Masque d'Edmond de Goncourt à son lit de mort (juillet 1896).

> Appartient à la famille Carrière.

119 — Tête de fillette [Nelly] (vers 1896).

> Appartient à M. Émile Straus.

120 — Portrait de M<sup>lle</sup> Marguerite S... (1897).

> Appartient à M. Gabriel Séailles.

121 — Portrait d'Élise appuyée sur sa main (vers 1897).

> Appartient à M<sup>me</sup> Delvolvé-Carrière.

122 — Silhouette d'Eugène Carrière peignant (1898).

> Appartient à M<sup>me</sup> Delvolvé-Carrière.

123 — Portrait d'enfant [M<sup>lle</sup> C...] (1898).

> Appartient à la famille Carrière.

124 — Portrait de M<sup>me</sup> S... et de sa fille (1898).

> Appartient à M. Gabriel Séailles.

125 — Portraits [M<sup>me</sup> C... et sa petite fille] (1898).

*Salon de la Société Nationale des Beaux-Arts, 1898.*
*Exposition Décennale, 1900.*

> Appartient à M. P. Caplain.

126 — Portrait de M. M.-D... et ses enfants (vers 1898).

> Appartient à M<sup>me</sup> Ménard-Dorian.

127 — Portrait de M. Auguste Rodin (vers 1898).

Appartient à M. Henry Lerolle.

128 — Portrait d'Eugène Carrière (vers 1899).

Appartient à M^me Nelly Choublier-Carrière).

129 — Portrait de M^me Eugène Carrière (1900).

Appartient à M^me Delvolvé-Carrière.

130 — Portrait de M^me Lisbeth Delvolvé-Carrière (1900).

Appartient à M^me Delvolvé-Carrière.

131 — Portrait de M. Anatole France (vers 1901 ?).

*Salon d'Automne, 1905.*

Appartient à M. Anatole France.

132 — Portrait de M. le Lieutenant-Colonel Picquart (1902).

Appartient à M. le Général Picquart, Ministre de la Guerre.

133 — Portrait d'Élisée Reclus.

*Salon d'Automne, 1905.*

Appartient à M^lle Arsène Carrière.

134 — Portrait de M. E. Metchnikoff (vers 1902).

Appartient à M. Élie Metchnikoff.

135 — Mère et fils (vers 1902 ?).

*Exposition de la Société Nouvelle, 1906.*

Appartient à M. Peytel.

136 — Femme au ruban noir. Portrait de M^me Eugène Carrière (1902).

Appartient à M^me Eugène Carrière.

137 — Portrait de Nelly à la cravate rouge (1902).

Appartient à M^me Nelly Choublier-Carrière.

138 — Portrait de M^me B... (1901).

Appartient à M^me Bonheur.

139 — Portrait de M. Jean Delvolvé (1902).

Appartient à M^me Delvolvé-Carrière.

140 — Jeune fille au col de dentelles. Portrait de M^lle Lucie Carrière (1903).

Appartient à M^lle Lucie Carrière.

141 — Portrait d'Eugène Carrière (1903).

Appartient à M. Grunbaum.

142 — Portrait de M^me L. Bréval (1903).

Appartient à M^me L. Bréval.

143 — Portrait d'Eugène Carrière (vers 1903).

Appartient à M^lle Lucie Carrière.

144 — Portrait de famille (1905).

Appartient à MM. Bernheim Jeune.

145 — Portraits de M. A. F... et de sa fille (1904).

*Salon d'Automne, 1904.*

Appartient à M. Arthur Fontaine.

146 — Portraits du D^r G... et de sa famille (1903).

*Salon de la Société Nationale des Beaux-Arts, 1904.*

Appartient à M. le D^r Gorodichze.

147 — Portrait de M^lle Lucie Carrière (1904).

Appartient à M^lle Lucie Carrière.

148 — Portrait de M^lle Arsène Carrière (oct. 1905).

Appartient à M^me Eugène Carrière.

149 — Portrait de Nelly (1905).

> Appartient à M. Grunbaum.

150 — Portraits de M^{me} A. Devillez et son fils M. H.-L. Devillez (1905).

*Salon de la Société Nationale des Beaux-Arts, 1905.*

> Appartient à M^{me} Montagne-Devillez.

151 — Portrait de M^{me} M. D... (1906).

*Exposition de la Société Nouvelle, 1906.*
*Salon de la Société Nationale des Beaux-Arts*
*(salle Carrière), 1906.*

> Appartient à M^{me} Ménard-Dorian.

# TÊTES D'ÉTUDE DIVERSES

152 — Tête de femme endormie (1887).

> Appartient à M^{me} Montagne-Devillez.

153 — Profil de femme. Étude d'après M^{me} Carrière (1887 ou 1888).

> Appartient à M. Armand Berton.

154 — Tête de femme à la fleur rouge dans les cheveux (1888).

> Appartient à M. Henry Marcel.

155 — Mélancolie (1888).

> Appartient à M. Jean Dolent

156 — Rêverie (1888).

> Appartient à M. Gabriel Séailles.

157 — Tête d'étude d'après M<sup>me</sup> Carrière (1894).

>Appartient à M. Gabriel Séailles.

158 — Tête de femme. Étude d'après M<sup>me</sup> Carrière (1894).

*Salon de la Société Nationale des Beaux-Arts, 1894.*

>Appartient à M<sup>me</sup> Montagne-Devillez.

159 — Méditation (1898).

>Appartient à M<sup>me</sup> Montagne-Devillez.

160 — Profil. Étude pour le panneau décoratif de la Sorbonne (1898).

>Appartient à M. Jean-René Carrière.

161 — Étude de jeune fille [Lisbeth] (1899).

>Appartient à M. Kempf.

162 — Marguerite, la tête levée (vers 1901).

>Appartient à M<sup>me</sup> Montagne-Devillez.

163 — Tête de femme. Étude (1902).

*Salon de la Société Nationale des Beaux-Arts, 1902.*

>Appartient à M. Agache.

164 — Tête de femme aux yeux clos (octobre 1902).

>Appartient à M<sup>me</sup> Eugène Carrière.

165 — Les Bagues (1902).

>Appartient à M<sup>me</sup> Nelly Choublier-Carrière.

165 *bis* — Mélancolie (1903).

*Vente de l'atelier Carrière, 1906.*

>Appartient à M<sup>me</sup> Nelly Choublier-Carrière.

166 — Jeune fille au corsage blanc (1903).

>Appartient à M. Gabriel Séailles.

167 — Tête de jeune fille aux cheveux dénoués [Nelly]
(1903).

> Appartient à M<sup>me</sup> Nelly Choublier-Carrière.

168 — Étude de jeune fille [Marguerite] (1903).

> Appartient à M. Grunbaum.

169 — Tête de jeune fille [Marguerite] (1903).

> Appartient à la famille Carrière.

170 — Étude de jeune fille [Marguerite] (vers 1903).

> Appartient à M<sup>lle</sup> Marguerite Carrière.

171 — Tête de jeune fille appuyée sur sa main (vers
1903).

> Appartient à M<sup>lle</sup> Marguerite Carrière.

172 — Jeune fille appuyée sur sa main (vers 1903).

*Vente de l'atelier Carrière, 1906.*

> Appartient à M. Albert Besnard.

173 — Le Sourire, tête d'enfant [Arsène] (octobre 1905).

> Appartient à M<sup>me</sup> Eugène Carrière.

174 — Tête d'étude d'après Nelly (25 octobre 1905).

> Appartient à M<sup>me</sup> Montagne-Devillez.

175 — Étude de tête, d'après M<sup>me</sup> Eugène Carrière
(28 octobre 1905).

> Appartient à M<sup>me</sup> Montagne-Devillez.

# FIGURES NUES

176 — Après le bain (1886).

> Appartient à M<sup>me</sup> Montagne-Devillez.

177 — Femme nue couchée (1887).

> Appartient à M<sup>me</sup> Montagne-Devillez.

178 — Le Sommeil. Étude de nu (1887).

> Appartient à M<sup>me</sup> Benjamin-Constant.

179 — Femme à sa toilette (1888).

> *Salon de 1888.*
>
> Appartient à M<sup>me</sup> Montagne-Devillez.

180 — Femme nue assise, vue de dos (1889).

> Appartient à M. Gabriel Séailles.

181 — Femme nue se coiffant, vue de dos (1889).

> Appartient à M. Jacques Drake del Castillo.

182 — Femme nue vue de dos (1889).

> Appartient à M. Paul Gallimard.

183 — Femme nue couchée, vue de dos (vers 1890).

> Appartient à M. Manchon.

184 — Femme nue se coiffant (vers 1892).

> Appartient à M. Auguste Rodin.

185 — Femme enlevant sa chemise (1894).

> Appartient à M. Gabriel Séailles.

186 — Femme nue, de face (1894).

Appartient à M. Gabriel Séailles.

187 — Femme enlevant sa chemise (vers 1894).

Appartient à M<sup>me</sup> Montagne-Devillez.

---

# COMPOSITIONS DÉCORATIVES

## ET SUJETS DIVERS

---

188 — Les Dévideuses (1887).

*Salon de 1887, médaille de 2<sup>e</sup> classe.*

Appartient à MM. Bernheim Jeune.

189 — Femme au bracelet (vers 1888).

Appartient à M<sup>me</sup> Arbelot.

190 — Étude pour les écoinçons de l'Hôtel-de-Ville (vers 1891).

Appartient à M<sup>me</sup> Frances Keyzer.

191 — La Bohémienne (vers 1892).

Appartient à M. Pontremoli.

192 — Les Jeunes filles — I — (vers 1894).

*Vente de l'atelier Carrière, 1906.*

Appartient à M. Lhermitte.

193 — Les Jeunes filles — II — (vers 1894).

*Vente de l'atelier Carrière, 1906.*

Appartient à M. Noël.

194 — Étude pour *le Théâtre Populaire* (vers 1895)[1].

Appartient à M^me Paul Pelet.

195 — Le Théâtre Populaire [*le Théâtre de Belleville*] (1895).

*Salon de la Société Nationale des Beaux-Arts, 1895.*
*Exposition Décennale, 1900.*

Appartient à M. Paul Gallimard.

196 — Les Passantes (1896).

Appartient à M. Henry Lerolle.

197 — La Nature (vers 1896).

*Exposé au Salon de la Société Nationale des Beaux-Arts*
*(salle Carrière), 1906.*

Appartient à M. Agache.

198 — Christ en croix (1897).

*Salon de la Société Nationale des Beaux-Arts, 1897.*

Appartient au Musée National du Luxembourg.

199 — La Prière. 1^er volet pour *le Christ en croix* (1898 ?).

Appartient à M. Arthur Fontaine.

200 — La Prière. 2^e volet pour *le Christ en croix* (1898).

*Vente de l'atelier Carrière, 1906.*

Appartient à MM. Bernheim Jeune.

201 — L'Étude. La Peinture (1899).

*Salon de la Société Nationale des Beaux-Arts, 1899.*
*Exposition Décennale, 1900.*

Appartient à M. Jacques Rouché.

---

1. La composition du *Théâtre Populaire* a occupé Carrière plusieurs années. Il est difficile de dater avec précision les études qui s'y rattachent.

202 — Jeanne d'Arc (1899).

Appartient à M^me H. Dumont.

203 — Les Mères. Panneau décoratif pour la Mairie du XII^e arrondissement (1900).

*Exposition Décennale, 1900.*
*Salon de la Société Nationale des Beaux-Arts*
*(salle Carrière), 1906.*

Appartient au Musée des Beaux-Arts de la Ville de Paris.

204 — Illustration pour *Booz endormi* [I] (1901).

Appartient à M. E. Pelletan.

205 — Illustration pour *Booz endormi* [II] (1901).

Appartient à M. E. Pelletan.

206 — Illustration pour *Booz endormi* [III] (1901).

Appartient à M. E. Pelletan.

207 — Illustration pour *Booz endormi* [IV] (1901).

Appartient à M. E. Pelletan.

208 — Le Violoniste (1902).

Appartient à M. Henri Duhem.

209 — Fantine abandonnée (1902).

Appartient au Musée Victor-Hugo.

210 — Fantine (1902).

Appartient à M. E. Léger.

211 — La Madone (vers 1902).

Appartient à M^me Eugène Carrière.

212 — L'Étude d'après nature. La Sculpture (1904).

*Salon de la Société Nationale des Beaux-Arts, 1904.*
*Exposition de la Société Nouvelle, 1906.*

Appartient à M. Jean Dolent.

213 — Les Fiancés. Panneau décoratif pour la Mairie
du XII<sup>e</sup> arrondissement (1904).

*Salon d'Automne, 1904.*

*Salon de la Société Nationale des Beaux-Arts
(salle Carrière), 1906.*

Appartient au Musée des Beaux-Arts de la Ville de Paris.

214 — La Nativité. Panneau décoratif pour la Mairie
du XII<sup>e</sup> arrondissement (1905).

*Salon de la Société Nationale des Beaux-Arts
(salle Carrière), 1906.*

Appartient au Musée des Beaux-Arts de la Ville de Paris.

215 — Les Vieillards. Panneau décoratif pour la Mairie
du XII<sup>e</sup> arrondissement — [inachevé] (1905).

*Salon de la Société Nationale des Beaux-Arts
(salle Carrière), 1906.*

Appartient au Musée des Beaux-Arts de la ville de Paris.

## PAYSAGES

216 — Place Clichy, le soir (1889).

Appartient à M<sup>me</sup> Montagne-Devillez.

217 — Paysage. Vue de Paris (vers 1893).

*Exposé au Salon de la Société Nationale des Beaux-Arts
(salle Carrière), en 1906.*

Appartient à M. Agache.

218 — Les Pyrénées : le Pont de planches (1898).

Appartient à la famille Carrière.

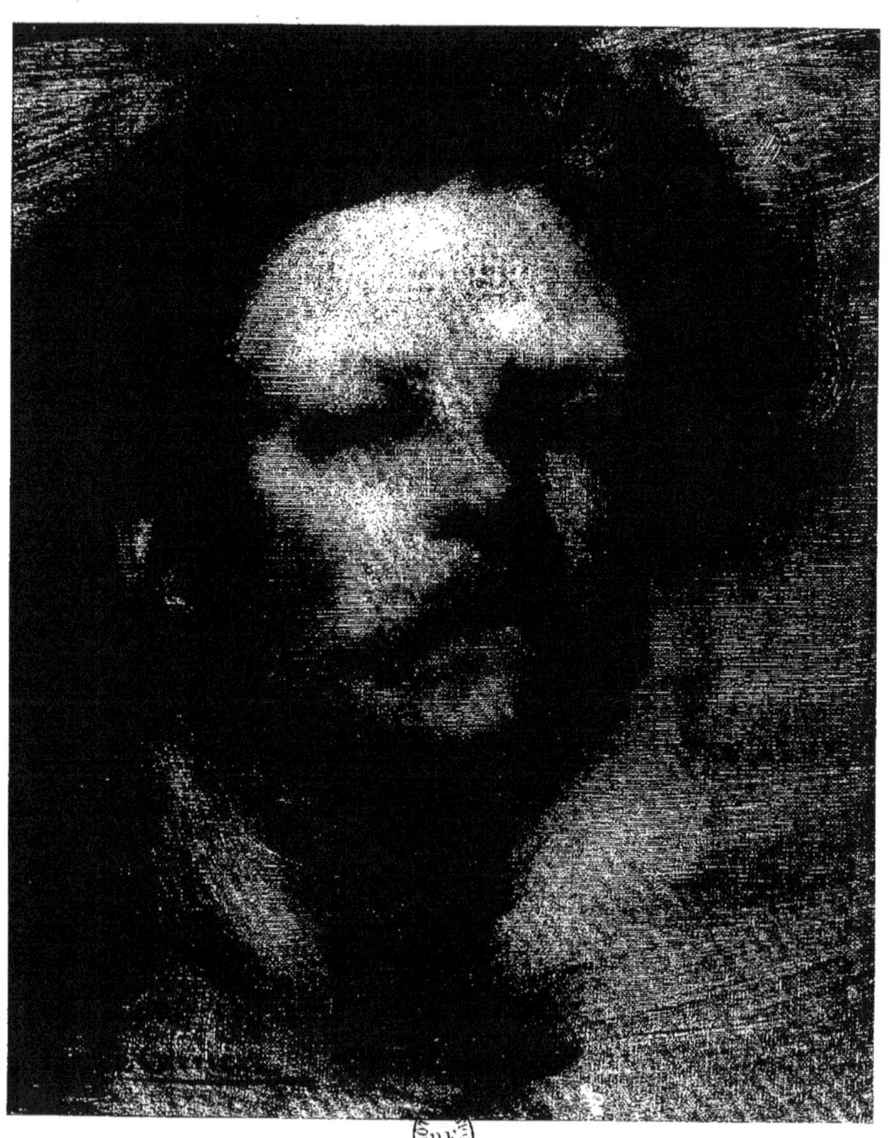

PORTRAIT d'EUGÈNE CARRIÈRE

219 — Paysage. Maison au bord du Gave [environs
de Pau] (1898).

Appartient à M. Roger Marx.

220 — Les Pyrénées : le Torrent (1898).

Appartient à la famille Carrière.

221 — Les Pyrénées : le Gave (1898).

Appartient à M<sup>lle</sup> Lucie Carrière.

222 — Venise [I] (1899).

Appartient à M<sup>lle</sup> Hélène Bonheur.

223 — Venise [II] (1899).

Appartient à M<sup>lle</sup> Hélène Bonheur.

224 — Les Bords de la Marne (vers 1900).
*Vente de l'atelier Carrière, 1906.*

Appartient à M. P. Caplain.

225 — Magny : les Foins (vers 1901).

Appartient à la famille Carrière.

226 — Magny : la Meule (vers 1901).

Appartient à la famille Carrière.

227 — La Vallée de Magny (vers 1901).

Appartient à la famille Carrière.

228 — La Route (1902).

Appartient à M. Jean-René Carrière.

229 — Le Verger (vers 1902).

Appartient à M<sup>lle</sup> Marguerite Carrière.

# NATURES MORTES

230 — Les Oignons (1887).

> Appartient à M<sup>me</sup> Montagne-Devillez.

231 — Les Confitures (1887).

> Appartient à M<sup>me</sup> Montagne-Devillez.

232 — Chrysanthèmes.

> Appartient à M. Pontremoli.

233 — Cristaux et fleurs.

> Appartient à M. Grunbaum.

# ADDENDA — PEINTURES

234 — Portrait de M<sup>me</sup> N... (1876).

> Appartient à la famille Carrière.

235 — Portrait de M<sup>me</sup> X... (1886).

> Appartient à M. Turner.

236 — Enfants causant.

> Appartient à M. E. Léger.

237 — Tête d'enfant.

> Appartient à M<sup>me</sup> L. Bréval.

238 — Le Sommeil (1890).

*Salon de la Société Nationale des Beaux-Arts, 1890.*
*Exposition Décennale, 1900.*

> Appartient à M. Pontremoli.

II

# DESSINS

# DESSINS [1]

---

239 — Étude pour l'Allaitement : main de femme
pressant le sein. — Feuille d'études : plusieurs
têtes et une main. — Études de tête : enfant
couché.

240 — Femme assise, la tête appuyée sur la main. —
Femme couchée. — Mère tenant son enfant
pressé sur sa poitrine. — Enfant embrassant
sa mère.

241 — Femme lisant un livre : illustration pour *le
Musée du soir*, de M. Gustave Geffroy. —
Femme debout. — Étude de femme, vue de
dos.

242 — Enfant tenant une poupée : Cosette. — Femme
à la cape. — Mère et enfant. — Femme tenant
son enfant sur le bras gauche.

---

1. NOTA. — Les dessins exposés appartiennent à la famille Carrière.
Les dessins sont, pour la plupart, groupés par plusieurs feuilles
dans un seul et même cadre. Le numéro indiqué est celui du *cadre*.

243 — Mère et enfant au lit (l'enfant sur la poitrine
de sa mère). — Mère et enfant au lit, côte à
côte. — Mère embrassant son enfant. —
Femme rattachant la chemise d'un enfant. —
Fillette se tenant le pied.

244 — Femme embrassant un enfant. — Enfant endormi sur le sein de sa mère. — Mère tenant
son enfant dans ses bras. — Fillette assise,
endormie. — Feuille d'études : six mains, les
doigts unis.

245 — Femme assise embrassant son enfant sur la
nuque. — Deux fillettes au lit, dormant. —
Petite fille enfilant une aiguille. — Feuille
d'études : deux têtes de fillettes reposant sur
l'oreiller. — La route.

246 — Femme nue, le bras droit replié. Étude pour
les écoinçons de l'Hôtel-de-Ville.

247 — Femme nue, le bras droit étendu. Étude pour
les écoinçons de l'Hôtel-de-Ville.

248 — Femme étendue et accoudée. — Deux figures
dormant, dans un lit. — Femme penchée sur
son enfant qui lui caresse le visage. — Femme
contemplant son enfant qui tette.

249 — Femme jouant avec son enfant. — Songeuse.
— Femme se coiffant, vue de dos.

250 — Enfant tétant.—Feuille d'études : deux femmes
assises; trois femmes nues, debout.

251 — Femme jouant avec son enfant. — Enfant en-
dormant sa poupée. — Enfant caressant la
tête de sa sœur. — Tête de fillette au chignon.

252 — Scène maternelle : femme avec trois enfants. —
Tête d'enfant, de face. — Feuille d'études :
cinq têtes d'enfants. — Étude pour un
paysage : figures et arbres.

253 — Femme allaitant. — Mère embrassant la main
de son enfant qui tette. — Enfant dormant
sur la main de sa mère (répété deux fois). —
Femme faisant boire un enfant qu'elle tient
dans ses bras.

254 — Petites filles jouant à la poupée. — Femme
assise, lisant.

255 — La coiffure de l'enfant. — Fillette habillant un
enfant. — Femme se tenant le bras gauche

avec la main droite. — Étude de femme
(buste). — Fillette, la tête appuyée sur la
main.

256 — Mère et enfant aux bras levés. — Femme
habillant une fillette. — Le corset : étude
d'enfants.

257 — Femme embrassant un enfant dans le cou. —
Femme lavant la tête d'un enfant. — Les
ciseaux : étude d'enfants. — Écolière écrivant.
— Fillette assise, tenant un enfant.

258 — L'artiste et sa femme.

259 — Femme couchée, jouant avec son enfant. —
Feuille d'études : trois têtes d'enfants. Deux
mains. — Femme debout. — Feuille d'études :
trois mains, les doigts unis. — Deux feuilles
d'études de pieds. — Feuille d'études : trois
mains, les doigts détachés.

260 — Enfant tétant. — La toilette de l'enfant.

261 — Femme allaitant. — Enfant embrassant sa mère.
— Confidences. — Deux silhouettes de

femmes. — Femme allongée, enveloppée
d'une cape. — Feuille d'études : main d'enfant
tenant un doigt.

262 — Femme assise, les bras croisés.

263 — Femme embrassant un petit enfant. — La coiffure de l'enfant. — Fillette habillant un enfant. — Cinq têtes d'enfants (face et profil).

264 — Silhouettes de femmes assises. Étude pour le *Théâtre populaire*.

265 — Femme embrassant un enfant assis sur ses genoux.

266 — Femme embrassant son enfant (répété deux fois). — Deux fillettes endormies, la tête sur une table. — Femme au bracelet. — Deux figures endormies.

267 — Enfant tétant. — Femme allaitant un enfant sur un lit. — Femme et enfant au lit, dormant. — Deux enfants dormant.

268 — Mère contemplant son enfant. — Femme et fillette au lit, dormant. — Petite fille coiffant sa poupée.

269 — Amour maternel.

270 — Feuille d'étude : deux figures de femmes nues,
torses et jambes.

271 — Six feuilles d'études : femme allaitant. —
Femme allaitant, etc.

272 — Femme assise tenant un enfant dans ses bras.

273 — Cinq feuilles d'études de femmes et d'enfants.

274 — Mouvements de terrain, avec deux arbres. —
Muraille d'arbres. — Masse d'arbres. —
Canal.

275 — Route tournante. — Saint-Quay. — Le coup
de vent. — Lisière de forêt.

ADDENDA — DESSINS NON CLASSÉS

Femme debout embrassant un enfant. — Deux
études : femme embrassant un enfant qu'elle a dans les
bras. — Femme assise berçant un enfant dans ses bras.
— Mère et enfant dormant. — Enfant dormant. —
Femme habillant un enfant. — Étude de fillette. —
Femme debout, les mains aux hanches. — Enfant des-
sinant une fleur.

III

# LITHOGRAPHIES

# LITHOGRAPHIES[1]

---



---

1. NOTA. — Les lithographies exposées appartiennent à M^me Eugène Carrière, à M^me Delvolvé-Carrière, à M^lle Lucie Carrière, à M^lle Arsène Carrière, à M. Pontremoli.

292 — Jeune fille souriant.

293 — Tête de fillette aux cheveux dénoués.

294 — Tête d'enfant.

295 — Tête d'enfant au bonnet.

296 — Enfant endormi.

297 — Maternité : femme embrassant un enfant.

298 — Maternité : femme tenant un enfant endormi.

299 — Mère et enfant.

300 — Consolation.

301 — La Mine (affiche).

302 — La Coulée (affiche).

303 — L'Aurore (affiche).

TROIS DESSINS SUR PIERRE LITHOGRAPHIQUE

304 — Tête d'enfant, de face.

305 — Tête d'enfant au bonnet.

306 — Masque de femme, de face.

Appartiennent à M. Pontremoli.

# ADDENDUM — EAU-FORTE UNIQUE

307 — Femme couchée allaitant. Illustration pour le livre de M. Jean Dolent : *Amoureux d'art.* — Quatre états.

www.ingramcontent.com/pod-product-compliance
Ingram Content Group UK Ltd.
Pitfield, Milton Keynes, MK11 3LW, UK
UKHW021748090726
13657UKWH00002B/990